高等院校**电子商务类**
新形态系列教材

U0739945

网店
运营与推广

微课版

周芳 廖红艺◎主编

魏自花 张雨 徐览侨◎副主编

Electronic

Commerce

人民邮电出版社

北 京

图书在版编目（CIP）数据

网店运营与推广：微课版 / 周芳，廖红艺主编.
北京：人民邮电出版社，2024. -- （高等院校电子商务
类新形态系列教材）. -- ISBN 978-7-115-64662-0

Ⅰ. F713.365.2

中国国家版本馆 CIP 数据核字第 2024X17P04 号

内 容 提 要

本书以淘宝平台为主，以拼多多、抖音小店、速卖通平台为辅，系统地介绍了网店运营与推广的相关知识。全书共 10 章，包括网店运营基础知识、淘宝网店商品发布与管理、淘宝网店装修、淘宝网店内容运营、淘宝网店营销活动、淘宝网店站内推广、其他网店平台运营、网店站外推广、网店客服与物流管理，以及网店运营数据分析等内容。本书每章都精心安排了"案例分析""实战演练""课后习题""任务实训"板块，可提高读者网店运营与推广的能力。

本书配有 PPT 课件、教学大纲、电子教案、课后习题答案等教学资源，用书老师可在人邮教育社区免费下载使用。

本书可作为高等院校电子商务专业和其他经济管理类专业网店运营相关课程的教材，也可作为电子商务培训班的教材，还可作为网店创业人员和电商企业基层人员的参考书。

- ◆ 主　　编　周　芳　廖红艺
　　副 主 编　魏自花　张　雨　徐览侨
　　责任编辑　王　迎
　　责任印制　胡　南
- ◆ 人民邮电出版社出版发行　　北京市丰台区成寿寺路 11 号
　　邮编　100164　　电子邮件　315@ptpress.com.cn
　　网址　https://www.ptpress.com.cn
　　三河市兴达印务有限公司印刷
- ◆ 开本：787×1092　1/16
　　印张：12.5　　　　　　　　　2024 年 8 月第 1 版
　　字数：367 千字　　　　　　 2025 年 5 月河北第 3 次印刷

定价：49.80 元

读者服务热线：(010)81055256　印装质量热线：(010)81055316
反盗版热线：(010)81055315

前 言

党的二十大报告提出，加快发展数字经济，促进数字经济和实体经济深度融合，打造具有国际竞争力的数字产业集群。在互联网和数字技术高速发展的背景下，数字经济已成为支撑产业经济增长的关键动能。数字经济的发展离不开电子商务的支持。电子商务作为数字经济的重要组成部分，一直处于实体经济数字化转型的前沿，也为全球经济增长提供了新的动力。

随着电子商务的快速发展，越来越多的人将创业的目光瞄准网上开店，尤其是一些年轻人更是视其为就业的另一条出路，因此现在网店之间的竞争变得日益激烈。而一些网店由于经营不善而导致网店关闭。其主要原因之一，是网店卖家缺乏有关网店运营与推广的知识。要想成功经营好网店，网店卖家就需要学习并掌握更多网店运营与推广的方法和技巧。

本书主要内容

本书共 10 章，具体内容如下。

第 1 章网店运营基础知识，主要介绍了网上开店的概念、条件、流程，网店运营规划，常见网上开店平台、货源的选择等内容。

第 2 章淘宝网店商品发布与管理，主要介绍了商品发布、网店基本管理、商品交易管理等内容。

第 3 章淘宝网店装修，主要介绍了网店装修基础知识、淘宝 PC 端网店装修、淘宝移动端网店装修等内容。

第 4 章淘宝网店内容运营，主要介绍了关注运营、内容营销、淘宝直播推广等内容。

第 5 章淘宝网店营销活动，主要介绍了网店营销活动基础知识、淘宝网店营销工具、淘宝网店营销场景等内容。

第 6 章淘宝网店站内推广，主要介绍了万相台无界版推广、淘宝联盟推广、超级互动城推广等内容。

第 7 章其他网店平台运营，主要介绍了拼多多网店、抖音小店和速卖通的运营等内容。

第 8 章网店站外推广，主要介绍了微博、短视频平台、微信等站外平台的推广等内容。

第 9 章网店客服与物流管理，主要介绍了网店客服概述、网店客服流程、智能客服、客户关系管理、物流管理与商品包装等内容。

第 10 章网店运营数据分析，主要介绍了网店运营数据分析的作用、网店运营数据分析中的数据、生意参谋简介、生意参谋中必须看的动态数据、生意参谋中必须看的流量数据、生意参谋中必须看的客户数据等内容。

本书特色

本书特色如下。

（1）知识体系完整且具有较强的逻辑性。本书系统介绍了网店运营与推广的全流程，内容包括网上开店、网店设计与装修、网店营销与推广、网店客服与物流管理、网店运营数据分析等。

（2）实践指导性强。本书注重读者实践操作技能的培养，文中配备了大量案例和操作步骤的图示，可以帮助读者学以致用。

（3）教学资源丰富。本书提供配套的微课视频、PPT 课件、教学大纲、电子教案、课后习题答案等教学资源。

（4）体例形式丰富。本书每章开篇均设置"知识目标""技能目标"模块，在章节中设置"提示与技巧""知识拓展"模块，在每章最后设置"案例分析""实战演练""课后习题""任务实训"模块，帮助读者提高网店运营与推广的能力，以便更好地学以致用。

在编写本书的过程中，编者得到了众多网络卖家的支持，在此表示衷心的感谢。由于编者学术水平有限，书中难免存在表达欠妥之处，恳请广大读者批评指正。

编　者

目 录

**第10章
网店运营数据分析**

第 1 章

网店运营基础知识

网上开店越来越受到人们的重视。在正式开店前，人们需要了解网店运营的基础知识。本章主要介绍网上开店的概念、条件、流程，网店运营规划，常见的网上开店平台，货源的选择等内容。通过对本章的学习，读者可以对网店运营基础知识有初步了解，为深入学习网店运营打下基础。

学习目标

知识目标	☑	熟悉网上开店的概念、条件和流程
	☑	熟悉网店运营规划的内容
	☑	熟悉常见的网上开店平台
技能目标	☑	掌握常见的货源的选择方法
	☑	掌握淘宝个人网店的开通方法
	☑	掌握在阿里巴巴网站进货的方法

1.1 网上开店概述

1-1 网上开店概述

　　随着互联网技术的发展，作为一种销售方式，网上开店已经逐渐发展起来。网上开店优势明显、前景广阔，更是众多无本创业者的绝佳机会。下面具体介绍网上开店的概念、网上开店的条件和网上开店的流程等内容。

1.1.1 网上开店的概念

　　网上开店是一种在互联网时代诞生的新销售方式，具体来说就是卖家在互联网上注册一个虚拟网上商店并出售商品。淘宝、京东、拼多多等许多大型的网络平台都向个人提供网上开店服务。图1-1所示为在淘宝上开设的网上商店。

图1-1　在淘宝上开设的网上商店

　　卖家将待售商品的信息以文字、图片和视频的形式发布到网上。对商品感兴趣的浏览者可以通过网上支付的方式向卖家付款。卖家则通过邮寄、快递等方式将商品实物发送给购买者。相比传统的销售模式，网上开店成本低廉、经营方式灵活，可以为卖家提供不错的利润空间，现在越来越多的人都开始选择这种方式进行经营。

1.1.2 网上开店的条件

　　尽管卖家在网上开店投资少，操作简单，但是也需要具备一些基本的条件。这些条件包括硬件条件和软件条件，下面分别进行讲述。

1. 硬件条件

　　网上开店需要具备的硬件条件包括以下方面。
　　（1）手机。对于网上开店的店主来说，拥有一部智能手机，是提高工作效率、增强客户互动和提升销售业绩的重要工具，如手机店铺管理、即时沟通、移动支付管理、拍摄商品照片等都可以通过手机来实现。

（2）计算机。计算机对网上开店的专业卖家而言非常必要，特别是那些需要经常和客户、厂家打交道的卖家，利用计算机，卖家既可以随时关注网上商店的信息，保证及时地维护与客户的关系，也可以随时随地处理与厂家的相关事宜，保证货源畅通、进货准时，还便于进行店铺管理。

（3）打印机。有些电子文本资料最终是需要以书面形式保存的，因此打印机也是必需的。

2．软件条件

网上开店需要具备的软件条件包括以下几方面。

（1）文字编辑软件。Word是目前通用的、流行的文档编辑软件，主要用于编辑文档等。学会Word的基本操作后，卖家就可以很方便地编写合同或自己的网站文案。

（2）聊天软件。在网上开店的过程中，通过聊天软件聊天是卖家与客户沟通的常用方式。很多生意就是在手指敲击键盘的过程中谈成的。

聊天软件非常多，常用的有腾讯QQ、微信等，或者交易平台提供的沟通软件，如千牛卖家工作台。图1-2所示为卖家使用千牛卖家工作台与客户交流的界面。

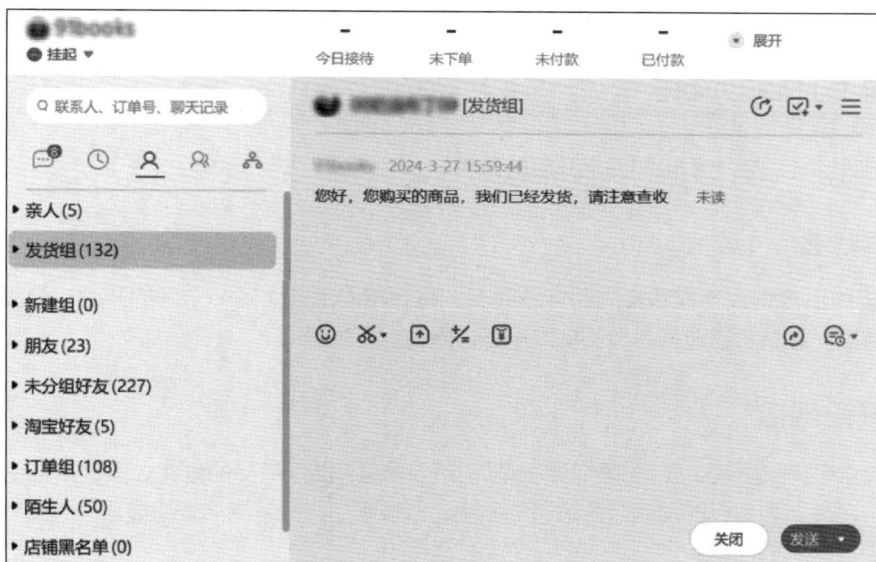

图1-2　卖家使用千牛卖家工作台与客户交流

（3）图像处理软件。卖家在网上开店要有精美的页面和宣传图片，因为客户主要是通过图片来浏览商品的，效果差或者不够美观的图片都可能导致客户流失。因此能否做出漂亮的商品图片，对网上开店能否成功也是一个至关重要的因素。现在的图像处理软件很多，建议学习使用Photoshop。Photoshop是Adobe公司推出的一款图像处理软件，被人们称作"图像处理大师"。Photoshop是目前应用较为广泛的图像处理软件之一，它的功能十分强大，也比较容易学习。图1-3所示为用Photoshop处理网店图片的截图。

（4）基本的网站设计软件。在拥有了自己的网上商店后，卖家还需要学习一些与网站设计相关的软件的操作方法，这样不仅可以多了解网上商店的建设原理，还可以为自己的网店设计漂亮的宣传广告页面。开网店时需要用到的基本的网站设计软件主要是Dreamweaver。通过Dreamweaver，卖家可对网店内容进行整体编辑与排版，以及对网店进行创建和管理。

图1-3　用Photoshop处理网店图片

1.1.3　网上开店的流程

下面以在淘宝上开店为例说明网上开店的流程。

1．确定卖什么

卖家如果能出售别人不容易找到的特色商品，将会是网上开店的一个好的开始。而质优价廉的商品更能留住买家。进货渠道包括各地的批发市场、网站或厂家等。

2．申请开设网店

在平台上申请开设网店，首先需要详细填写自己网店所提供商品的分类，以便让你的目标用户准确地找到你。然后，为自己的网店起个醒目的名字，以便吸引人气。网店如果显示个人资料，应该如实填写，以增强客户的信任度。

3．发布商品信息

商品信息包含商品名称、商品介绍等。商品名称应尽量全面，突出优点，因为当客户搜索该类商品时，只有名称会显示在列表上。

商品介绍必不可少。卖家要提供每件商品的名称、产地、性质、外观、数量、交易方式等信息，最好搭配商品的图片。卖家在编辑商品介绍时，还要注意网页界面的美观，避免使用多种字体、颜色，以免页面没有条理性，让人找不到重点。好的商品介绍要条理分明，重点突出，阅读方便，令人感觉舒适。

4．网店装修

网店装修是吸引买家和提高店铺知名度的关键因素。装修精美的网店能够吸引更多买家的眼球，增加点击率和浏览量，增强买家对店铺的信任感和归属感，进而提高转化率。在网店装修过程中，卖家要遵循简洁明了、突出品牌、符合目标用户要求和注重细节的原则，并运用技巧合理布局、优化图片、选择色彩。

5．营销推广

为了提高网店的人气，卖家在开店初期应适当地进行营销推广，但只在站内推广是不够的，要通过站内、站外多种渠道进行推广。例如，卖家可以在站内通过网店营销工具推广，参加淘金币、天天特卖等营销活动，利用淘宝联盟推广、超级互动城推广等，也可以利用网店站外推广，如微博推广、短视频平台推广、微信推广等。

6．客户服务

买家在决定是否购买商品的时候，很可能需要很多卖家之前没有提供的信息，因此他们随时会在网上向卖家提出问题，这时卖家应及时并耐心地回复，这是售前咨询/服务。

商品卖出不代表交易就此结束，卖家还需提供售后服务。对自己的商品有信心的卖家，售后服务一般都做得非常好。不管是技术支持服务还是退换货服务，卖家都应尽全力提供。

7．物流发货

要想在网上开店成功，物流发货这一环节至关重要。卖家需要选择一个可靠的物流公司。顺丰速运、中通快递、京东物流等都是较为知名的物流公司。选择物流公司时，卖家应考虑配送速度、价格、可靠性以及是否提供货到付款服务等因素。发货前，卖家需要准备以下物品：清晰的货物清单、包装材料，以及可能需要的特殊包装和加固材料。

1.2　网店运营规划

网店运营规划是建立在科学的分析与理性的思考之上的。细致、缜密地做好网店市场分析、网店目标人群画像、网店用户需求分析、网店运营规划制定是网店成功的关键。

1-2　网店运营规划

1.2.1　网店市场分析

网店市场分析是指卖家为了实现销售，通过科学的方法，对市场的规模、结构、周期及消费者进行经济分析的行为。

> **提示与技巧**
>
> 一方面，卖家进行市场分析必须要围绕销售这一目的展开，只有这样才能让市场分析有的放矢，更加高效。这就要求卖家在进行市场分析之前构建好分析模型，然后根据模型进行数据采集。
> 另一方面，卖家进行市场分析需要借助系统、科学的数据统计分析方法，在采集数据时要注意数据来源的准确性。

针对网店的市场分析，一般可以从以下几个方面展开。

1．分析市场规模的大小及其变化

商业行为的实施都为实现一定的目标，而制定目标的第一步是了解市场规模的大小。同时，因为市场是动态发展的，所以卖家必须随时监控市场的变化。

2．分析竞争环境

网上开店竞争异常激烈，因此了解竞争对手的商品定价、销售渠道、促销策略等信息非常重要。这有助于网店寻找差异化优势，并制定相应的竞争策略。

3．分析消费者的需求

在市场的发展过程中，消费者的需求也会发生变化，其对一部分商品的需求会上升，对另一部分商品的需求会下降。分析消费者的需求有利于卖家更精准地定位市场，发现蓝海市场。

4．寻找行业发展的周期规律

行业发展具有一定的周期性，有的是围绕季节在变化；有的是围绕节日在变化；还有的则是在大促销活动中变化非常大。所以卖家需要对行业的发展周期进行分析，这有利于卖家安排全年的经营计划及营销节奏。

1.2.2　网店目标人群画像

在电商平台中，卖家可以通过数据分析工具来快速进行用户画像。例如，淘宝的生意参谋就提供了"搜索人群画像"定位功能，它能够帮卖家进行目标用户的属性分析、行为分析等，具体如图1-4所示。

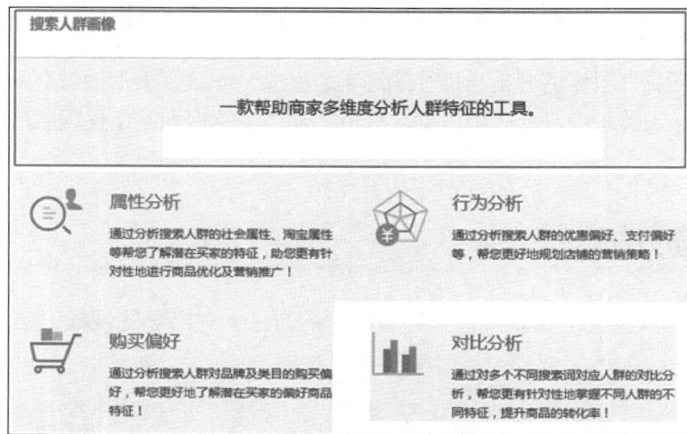

图1-4　搜索人群画像

1.2.3　网店用户需求分析

网店用户需求分析是网上开店成功的关键步骤，它涉及对用户需求的深入了解和分析。通常，我们主要以马斯洛需求理论作为用户需求分析的理论指导。马斯洛需求理论是行为科学的理论之一，该理论将人类的需求分为5个层次，分别是生理需求、安全需求、爱和归属需求、尊重需求和自我实现需求，如图1-5所示。

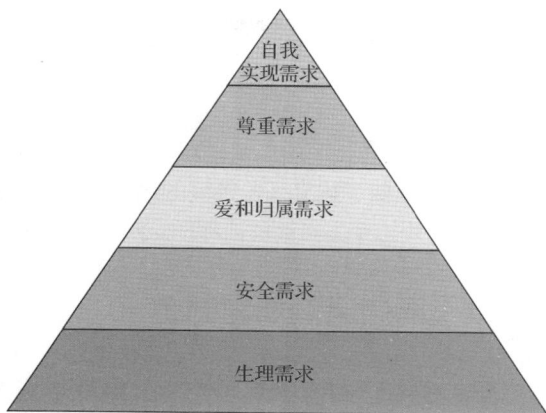

图1-5　马斯洛需求理论

（1）生理需求：这是人类最基本的需求层次，包括食物、水、睡眠和其他基本的身体需要。只有当生理需求得到满足后，人们才会追求更高层次的需求。

（2）安全需求：当生理需求得到满足后，人们会寻求安全和保护，包括身体安全、就业、收入、健康以及家庭的稳定等。

（3）爱和归属需求：这一层次的需求涉及社交和情感关系，包括友谊、亲情、爱情以及对社会归属感的需求。

（4）尊重需求：这一层次的需求与自尊和自我价值有关，包括自我尊重、他人尊重、成就、能力和地位等。

（5）自我实现需求：这是需求的最高层次，指的是个人潜能的实现和个人成长，包括追求个人潜能、自我发展和实现自我价值等。

马斯洛需求理论认为，人们只有在满足了较低层次的需求后，才会追求更高层次的需求。该理论在心理学、管理学和教育学等领域都有广泛的应用。

将马斯洛需求理论应用于网店的用户需求分析，发现用户需求的方式主要有以下几种。

1. 问卷调查

问卷调查是常见的调查方法，调查者主要通过制定一系列详细、严密的问卷，要求被调查者回答，以此来收集资料。除了传统的纸质问卷调查，借助互联网来发放及回收网络调查问卷已经越来越普遍。目前主要的在线问卷调查平台包括腾讯问卷、问卷星等。

2. 深度访谈

深度访谈是指由专业访谈人士发起的，在某一较长的时间内和被调查者针对某一个话题展开的一对一谈话。通过深度访谈，我们能够获取高质量的数据。在网店营销领域，深度访谈常常被用于了解个人是如何认识品牌及选购商品等。

3. 百度数据分析工具

百度指数和百度关键词分析工具是两种重要的数据分析工具，它们可以帮助卖家了解特定关键词在百度搜索引擎中的搜索频率和相关趋势，从而洞察网民的行为和需求。

百度指数是以海量网民的行为数据为基础进行数据分析的平台，可用于研究关键词搜索趋势，洞察网民兴趣和需求，监测舆情动向，确定受众特征等。而百度关键词分析工具主要用来查看网民对哪些关键词的查询次数多，对哪些长尾关键词感兴趣。

4. 电商分析工具

这里的电商分析工具主要是指阿里巴巴的生意参谋。其市场行情模块具有5大功能：市场监控、供给洞察、搜索洞察、客群洞察和机会洞察。借助平台提供的数据，卖家能够很快地找到用户的需求点，尽快实现引流变现。

5．爬虫工具

如果要单独了解某细分领域的用户需求，卖家还可以使用爬虫工具，如八爪鱼采集器、火车头采集器等。使用这些工具能够抓取指定网页的指定栏目中的内容，并且导出内容。

1.2.4　网店运营规划制定

卖家在制定网店运营规划时要结合市场情况，主要从商品、价格、销售目标、推广等方面入手。

1．商品方面

刚开始的时候，卖家可先确定经营一个品类的商品（多类经营并不一定能做好），如选择市场竞争相对较小、对卖家来说有一定优势的商品。

2．价格方面

卖家在定价时可根据自身情况，确定新品上市时是进行优惠促销，还是通过高价彰显品质。

3．销售目标方面

卖家应确定年度销售额目标，如按照时间，确定季度销售额目标、月度销售额目标；按照商品，确定引流款销售额目标、活动款销售额目标、日常款销售额目标、利润款销售额目标和形象款销售额目标。

4．推广方面

确定了销售目标后，卖家就需要制订相对应的推广规划。一般平台会提供多种推广工具和途径，如卖家最常用的直通车、超级推荐。另外，由于商品搜索排名、店铺搜索排名靠前的网店，更容易被客户搜索到，因此卖家应精心研究平台搜索排名的规则，然后对网店进行针对性的优化。

> 💡 **提示与技巧**
>
> 卖家可以根据实际销售数据，对工作进行阶段性总结，分析哪些内容在下次的规划中可以改进，哪些工作被忽视了，哪些工作是目前运营的短板。

▌1.3　常见网上开店平台

在网上开店，平台非常重要。卖家在选择平台时往往存在一定的决策风险。尤其是初次在网上开店的卖家，很容易由于经验不足以及对平台了解比较少等原因而具有很大的盲目性。在人气高的平台上开设网店是目前国内较流行的开店方式。目前常见的适合开店的平台有淘宝、京东、拼多多、抖音小店、速卖通等。

1.3.1 淘宝

淘宝在我国是深受欢迎的网络购物平台。自2003年5月10日成立以来，淘宝基于"以诚信为本"的准则，从零做起，迅速占据了国内个人交易市场的较前位置，创造了互联网企业的一个发展奇迹。图1-6所示为淘宝首页。

图1-6 淘宝首页

淘宝致力于推动"货真价实、物美价廉、按需定制"网货的普及，以帮助更多的买家享用海量的网上货源，提高生活品质，通过提供网络销售平台等基础性服务，帮助更多的企业开拓市场、建立品牌，实现产业升级；也帮助更多胸怀梦想的个人通过网络实现创业、就业。

1.3.2 京东

京东是自营式电商平台，在线销售计算机、手机及其他数码商品、家电、汽车配件、服装与鞋类、奢侈品、家居与家庭用品等。京东的迅猛发展，吸引不少卖家前来开店。图1-7所示为京东首页。

图1-7 京东首页

京东为买家提供了愉悦的在线购物体验。通过内容丰富、人性化的网站和移动客户端，京东以富有竞争力的价格提供了品类丰富、品质卓越的商品和服务，以快速可靠的方式将商品送至买家手中，并且提供了灵活多样的支付方式。另外，京东还为第三方卖家提供在线销售平台和物流等一系列增值服务。

1.3.3 拼多多

如今，拼多多已经从一个电商新秀跃身为电商巨头，吸引着越来越多的人在拼多多开店。拼多多的崛起是建立在微信的流量基础上的，虽然较低的商品价格也曾经让人对其质量产生怀疑，但是这并没有妨碍拼多多发展壮大。

拼多多是凭借"平台电商＋社交"的优势，利用微信流量池的庞大流量迅速崛起的平台。图1-8所示为拼多多首页。拼多多是社交分享电商的主要代表之一。拼多多通过拼团，以及团长免单等方式引起客户裂变，以需求广、单价低、性价比高的商品为主，借助社交力量对相关信息进行传播。

1.3.4 抖音小店

抖音小店是抖音平台为电商卖家提供的实现"一站式"经营的平台，为卖家提供全链路服务，帮助卖家实现长效经营、高效交易。通过将抖音账号与抖音小店进行一对一的绑定，卖家可以实现对抖音小店经营的高效整合管理，而买家在购物过程中也能有更加完整的"一站式"体验。图1-9所示为抖音小店页面。

图1-8 拼多多首页

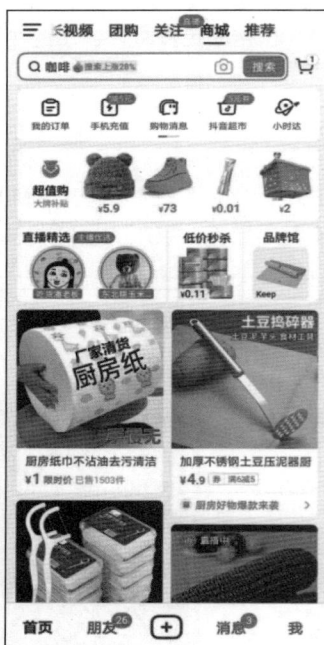

图1-9 抖音小店页面

为降低开店门槛，加大对全平台卖家的扶持力度，抖音小店支持个人开店，助力个人卖家轻松开店、便捷经营。自2023年3月1日起，个人仅需提供符合要求的身份证明并通过实名认证，即可在抖音小店注册开店。

1.3.5　速卖通

速卖通于2010年4月正式上线，是阿里巴巴集团旗下唯一面向全球市场的在线交易平台，被广大卖家称为"国际版淘宝"。

速卖通是阿里巴巴集团为卖家量身打造的一款实用的网上开店平台，致力于服务全球中小创业者，能够帮助卖家方便、快捷、有效地管理自己的店铺。图1-10所示为速卖通首页。速卖通能够快速连接全球的买家，为他们带去一种崭新的生活方式，通过支付宝国际账户进行担保交易，并使用国际快递发货。

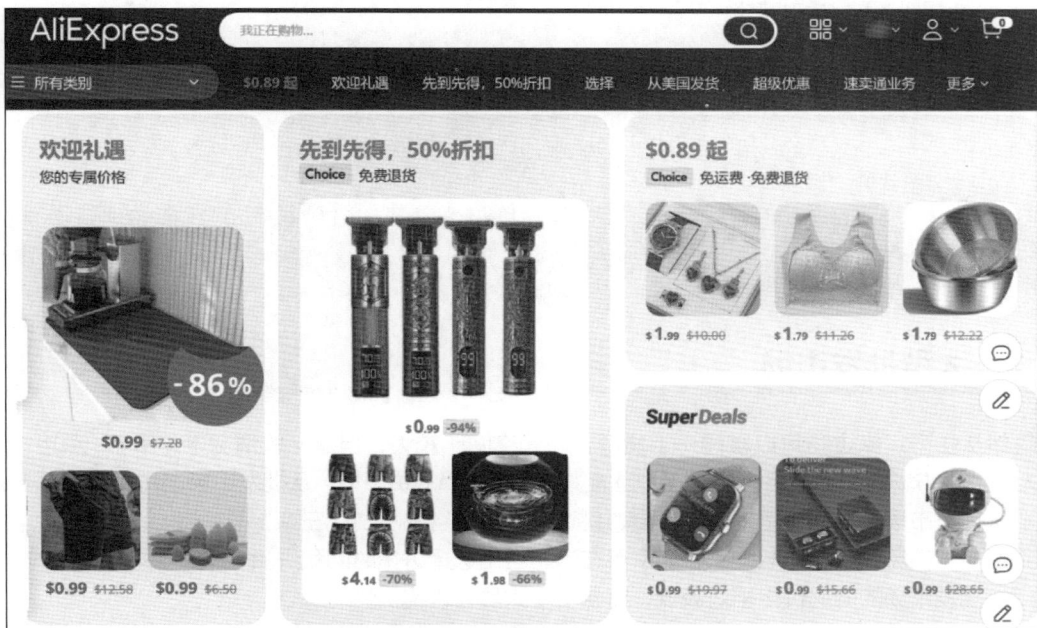

图1-10　速卖通首页

1.4　货源的选择

在网上开店，进货是一个很重要的环节，无论通过哪种渠道寻找货源，只要找到物美价廉的货源，网上商店就有了成功的基础。

1.4.1　生产厂家

一件普通商品从原料供应商到买家手中，要经过许多环节，通常是：原料供应商→生产厂家→全国批发商→地方批发商→终端批发商→零售商→买家。

如果是进口商品，还要经过进口商等环节，涉及运输、报关、商检、银行和财务结算等流程。经过如此多环节、多层次的流通组织和多次重复运输的过程，自然就会产生额外的附加费用。这些附加费用最后都会被分摊到每一件商品上。例如，一件出厂价格为2元的商品，买家可能需要花15元才能买到。

如果卖家可以直接从生产厂家进货，有稳定的进货量，便可以以较低的批发价格购进商品。而且正规的生产厂家货源充足，信誉度高，如果长期合作，卖家一般都能争取到商品调换和退货还款的权利。但是，一些大型生产厂家要求的起批量非常大，实力不足的小客户很难争取到与之合作的机会。

📖 知识拓展

选择货源时辨别生产厂家实力的方法

下面几种办法可用于辨别生产厂家的实力。

（1）电话验证。通过114或电话黄页进行查询，核对对方的电话是否属实。

（2）证件查询。卖家可以要求厂家提供工商"营业执照"和"税务登记证"等复印件。如果厂家以担心被非法利用为由而拒绝此要求，那么，可直接打电话到相关部门去查询。

（3）价格辨别。卖家可以通过分析厂家的定价模式来辨别。正规厂家都有稳定的价格体系，而且通常是不会允许新手卖家随意讨价还价的。卖家可以多次让他们对同一商品进行报价，也可以不断地让他们对各种商品进行报价，以此来分析他们的定价模式，看他们的价格体系是否稳定与完善。

（4）规模辨别。辨别厂家实力的要点就在于分析其生产规模的大小。生产规模大的厂家一般综合实力强，往往商品的品种多、款式全，生产经验足。

（5）实地考察。最直接的辨别方法就是实地考察，亲自去厂家考察，了解他们的生产环境、生产设备、研发实力等。这样的实地考察更能让你对厂家有直观的了解。

1.4.2　大型批发市场

虽然从生产厂家进货可以掌握一手货源，利润空间比较大，但是一般情况下厂家不会和小客户合作。大型批发市场的商品价格也很便宜，是大多数卖家选择的货源地。从批发市场进货一般有以下优势。

（1）批发市场的商品数量多、品种全、挑选余地大且容易"货比三家"。

（2）批发市场很适合兼职卖家，卖家可在这里自由选择进货时间和进货量。

（3）批发市场的商品价格相对较低，容易使卖家具有价格优势。

与其他几种渠道相比，大型批发市场对于新手卖家的确是一个不错的选择。如果你刚好生活在大城市，周围有大型批发市场，不妨去看一看。卖家多与批发商交往不但可以熟悉行情，还可以拿到便宜的好货。

通过和一些批发商建立良好的供求关系，卖家能够拿到第一手的流行货品，而且能够保证商品价格较低，这不但有利于商品的销售，而且有利于卖家积累信用。

卖家找到货源后可先进少量的货，在网上试卖，如果销量好再考虑增大进货量。有些卖家和批发商关系很好，往往是商品卖出后才去进货，这样既不会占用资金又不会造成商品的积压。总之，不管是通过哪种渠道寻找货源，在保证商品同品质的基础上低廉的价格都是关键。

💡 提示与技巧

批发商一般不会轻易地将底价告诉初次接触的客户，而是根据经验等酌情开价。双方对于钱货都要当面清点，避免遭受损失。

1.4.3　电子商务批发网站

由于大型批发市场主要集中在我国的几个大城市里，很多卖家没有条件前往。所以，阿里巴巴、生意宝等作为电子商务批发平台，充分显示了其优越性，为这类卖家提供了很大的选择空间。这些平台不仅查找信息方便，还专门为卖家提供相应的服务，并且起批量很小。图1-11所示为阿里巴巴集团旗下的批发网站。

图1-11　阿里巴巴集团旗下的批发网站

通过电子商务批发网站进货相较于通过传统渠道进货，具有以下优势。

（1）成本优势。可以节约时间成本、交通成本、住宿费、物流费用等方面成本的投入。

（2）选购的紧迫性减弱。由于时间所限，卖家亲自去大型批发市场采购时不可能长时间地挑选，而在网上进货则可以慢慢挑选。

（3）起批量小。批发网站基本上都是10件起批，有的甚至是1件起批，这在一定程度上增大了卖家的选择范围。

（4）其他优势。从批发网站进货能减少库存压力，甚至能为卖家"一件代发"，此外还具有批发价格透明、款式新颖等优点。

💡 提示与技巧

有部分1688平台的卖家是不直接在1688平台上买卖的，他们会给你一个厂家的商品册子。在你下订单后，他们会给你一个淘宝店的商品链接，让你拍下。这时你一定要多加小心：一要辨别这家淘宝店的卖家和在1688平台跟你洽谈的人是不是同一个人；二要查看这家淘宝店的评价，了解其他客户对这批货物的评价。

📋 案例分析

"淘宝村集群"让部分乡村实现人口逆势增长

随着网购的快速普及，"淘宝村"越来越多。阿里研究院公布的数据表明，2022年全国淘宝村数量达7780个，淘宝镇数量达2429个。农村电商正以每年10%以上的增长速度，助推全国农村地区的就业增长、人才振兴和产业振兴。

2023年，山东省曹县拥有176个淘宝村、21个淘宝镇，成为全国闻名的"超大型淘宝村集群"，2022年销售额达到305亿元。曹县的电商热，辐射到周边各区县。2022年，菏泽市形成了541个淘宝村、93个淘宝镇，两项指标均排名全国地级市第一，有效助力了菏泽市经济社会快速发展。

山东省曹县大集乡，地理位置比较偏僻，全乡现有人口4.45万人，是一个传统意义上的农业乡镇，农民收入主要来自种植业、养殖业、农副产品加工或外出打工。在大集乡丁楼村，30岁的小任外表看似文静，内心却有着非同寻常人的决心和勇气。她从一所名牌大学毕业后，放弃了在省会城市工作的机会，回到家乡帮助父亲迅速打开了商品网上销路。考虑到未来的前景，小任只是淡淡地说："与我专业对口的工作，在我看来，还不如开网店的前景好。至少现在看来，这个决定是正确的。"

还有年过六旬的老者，原来开杂货铺，每年收入只有2万元左右。而当他学会了计算机操作后，立马转而帮助开服饰加工厂的儿子经营网店，年收入也提高至12万元。

几乎每一个淘宝村都有一个特色产业，并带动其他产业发展。20世纪90年代初，丁楼村个别村民开始从事影楼生意。2010年年底，部分村民在淘宝开设网店，结果订单不断，这让他们看到了商机。于是周边亲友不断被吸引加入，生产规模急速扩大，最终形成以开淘宝网店为主的村落。2018年，全村网店交易额达到3.6亿元，人均收入超过10万元。

目前，在丁楼村、张庄村的辐射并带动下，周边村庄迅速跟进、积极响应并形成集群之势。目前，在大集乡已有近万名村民从事服饰加工和网络营销工作。

截至2023年，在曹县从事电商行业的人员，已经超过35万人，平均每5个曹县人就有一个从事电商行业。曹县大集乡近年来吸引了8000名返乡创业者，超过5000名外乡人前来创业就业，常住人口增长了近1万人。

农村电商已然成为继传统电商、移动电商之后的又一个热点，可以预言，农村电商即将成为下一个"淘金地"。电子商务对农村生活的影响已经显而易见，近些年全国各地涌现了越来越多的淘宝村便是很好的证明。电子商务已经成为农村青年创业、就业的新渠道。淘宝村一定要做好本地村民的电商培训工作，同时用各种优惠政策让那些外出打工者返乡。

根据以上材料，分析以下问题。

1. 淘宝村为什么在中国能迅速发展壮大？
2. 淘宝村给农民带来哪些好处？
3. 农村电商的发展前景如何？

实战演练

实战演练一：开通淘宝个人网店

下面以开设个人店铺为例讲述淘宝网店的开通步骤。

（1）打开淘宝首页，单击页面右上角的"免费开店"，如图1-12所示。

图1-12 单击"免费开店"

（2）进入"淘宝免费开店"页面，选择开店适用身份，目前在淘宝平台开店，有3个开店身份可以选择，分别是普通商家、达人商家、品牌商家。此处单击"普通商家"，如图1-13所示。

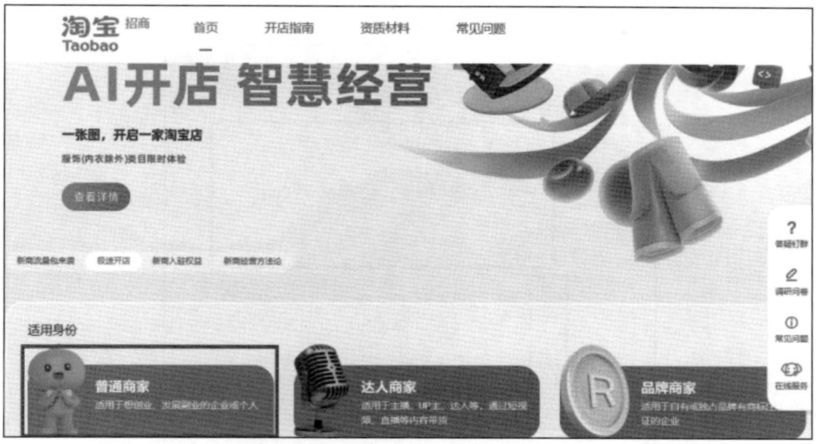

图1-13　单击"普通商家"

（3）选择店铺主体类型，可以选择个人商家、个体工商户商家、企业商家，此处单击"个人商家"下的"去开店"按钮，如图1-14所示。

图1-14　单击个人商家下的"去开店"按钮

（4）打开图1-15所示的"个人开店"页面，根据提示拖动滑块完成验证。

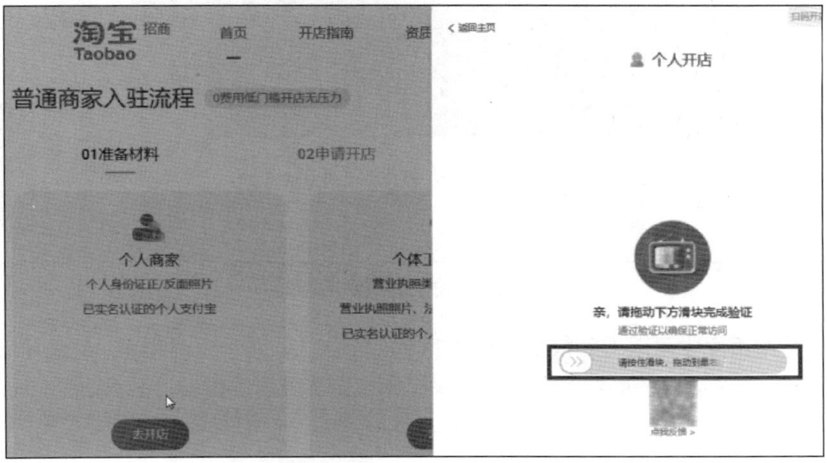

图1-15　"个人开店"页面

（5）在完成验证后打开的页面中输入"店铺名称"和"手机号码"，单击"验证码"文本框右侧的"发送"，待手机收到短信验证码后，输入验证码，勾选协议，单击"0元开店"按钮，如图1-16所示。接着完善认证信息和进行实名认证，即开店成功。

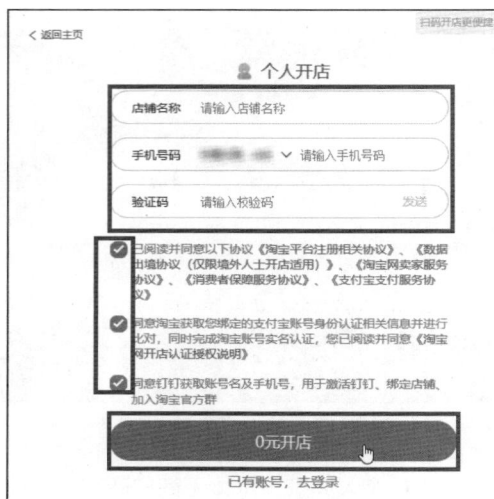

图1-16 "个人开店"页面

实战演练二：从1688网站进货

1688网站作为全球最大的电子商务批发（B2B）平台，为卖家和供应商之间提供了便捷的进货渠道。下面讲述从1688网站进货的具体操作步骤。

（1）登录1688网站首页，在搜索框中输入要搜索的商品名称，如图1-17所示。

图1-17 输入要搜索的商品

（2）在搜索结果页面中可以看到很多供应商的商品信息，如图1-18所示。卖家可以通过查看其交易记录、买家评价，以及客服的服务等多个方面来权衡、选择靠谱的供应商及商品。

图1-18　选择商品

（3）进入商品详情页面查看商品详细信息，如价格等，并选择需要的商品。如果对商品满意，可以单击"立即订购"下订单，如图1-19所示。

图1-19　查看商品详细信息

（4）进一步在线支付货款，并选择物流信息。进入填写收货地址和货品信息页面，确认后单击"提交订单"即可；如图1-20所示。待卖家收到货物后，确认无误即可结束合作，以后有需要时可以继续联系该供应商。

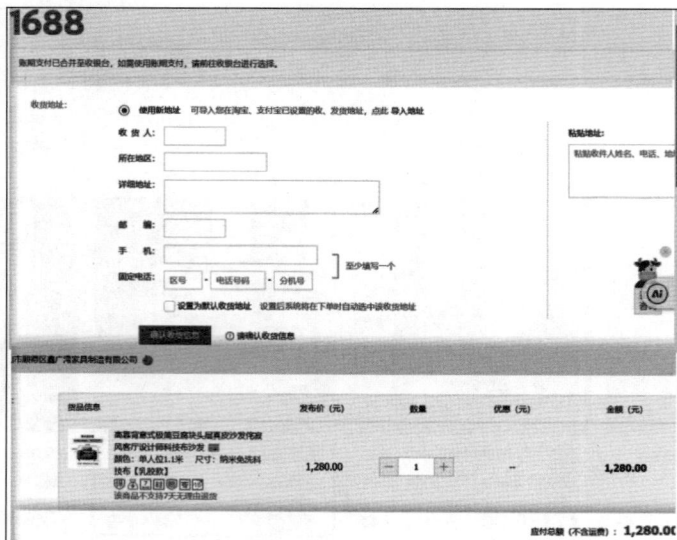

图 1-20　填写收货地址和货品信息页面

课后习题

一、填空题

1. _____是指卖家为了实现销售，通过科学的方法，对市场的规模、结构、周期及消费者进行经济分析的行为。

2. 马斯洛需求理论将人类的需求分为 5 个层次，分别是_____、_____、_____、_____、_____。

3. _____是常见的调查方法，主要通过制定一系列详细、严密的问卷，要求被调查者回答，以此帮助调查者收集资料。

二、思考题

1. 一般针对网店，可以从哪些方面展开市场分析？
2. 发现用户需求的方式主要有哪些？
3. 常见的网上开店平台有哪些？
4. 网店货源的选择渠道有哪些？

任务实训

掌握不同网店开设平台的特点，通过具体的任务实训加深对网店开设平台的认识和理解。

一、实训要求

对比各种网店开设平台，如淘宝、京东、拼多多、抖音小店的不同特点，选择适合自己的网店开设平台。

二、实训步骤

1. 登录常见的网店开设平台，熟悉不同网店开设平台的店铺前台页面，如类目导航、商品展示区、搜索区等。

2. 分析不同网店开设平台的开店资质要求。

3. 平台支持：分析各个平台的卖家支持和服务，包括支付系统、物流服务、退换货政策等。考虑平台是否提供相关的工具和资源，以帮助卖家开店和管理网店。

4. 对比平台上的佣金和费用结构，以及相关税收和销售推广的费用。这些费用将影响网店的成本和利润率。

第 **2** 章

淘宝网店商品发布与管理

本章主要介绍商品发布、网店基本管理、商品交易管理。通过对本章的学习，读者可以对淘宝网店的商品发布与店铺管理功能有一个初步的认识，为深入学习淘宝网相关规则打下基础。

学习目标

知识目标	☑	熟悉网店基本管理方法
技能目标	☑	掌握商品发布方法
	☑	掌握商品交易管理方法

2.1 商品发布

在淘宝网注册会员和开通支付宝后，卖家接下来就可以发布商品到网上店铺了。在发布商品之前，应写好商品介绍。

2.1.1 商品介绍

在网上购物时，影响买家购买行为的一个重要因素就是商品介绍，很多卖家会花费大量的心思在商品介绍上，但也有些卖家经过一段时间就会发现，虽然在商品介绍上面花费大量的时间，但是效果并不好，用户的转化率还是不高。这时卖家需要在填写商品介绍信息时注意以下几个方面。

（1）首先要向供货商索要详细的商品信息。商品图片不能完全反映如材料、产地、售后服务、生产厂家、商品的性能等信息；相对于同类商品有优势和特色的信息一定要详细地描述出来，这本身也是商品的卖点。

（2）商品介绍应该使用"文字＋图像＋表格"的形式来描述，这样买家可以更加直观地、全方位地了解商品，增加购买的可能性。

（3）商品图片一定要精美，文字和表格能够全面概括商品的内容、相关属性，最好还能介绍一些使用方法和注意事项，切实地为买家考虑。

（4）参考同行店铺。卖家要重视同行中做得好的店铺，多去同行的皇冠店转转，参看这些店铺的商品介绍是怎么写的。

（5）在商品介绍中应注意服务意识和规避纠纷，一些平时买家很关心的问题、有关商品问题的介绍和解释等都要有。

（6）在商品介绍中也可以添加相关推荐商品，如本店热销商品、特价商品等，让买家更多地接触店铺的商品，增加商品的宣传力度。

2.1.2 发布商品

卖家发布商品可以在淘宝网上直接发布，也可以使用"淘宝助理"发布。

2-1　发布商品

1. 直接发布

在淘宝网上直接发布商品的方法，其具体操作步骤如下。

（1）登录淘宝网，单击页面右上角的"千牛卖家中心"超链接，如图2-1所示。

图2-1　单击"千牛卖家中心"超链接

（2）进入千牛工作台，单击页面左侧的"商品"|"商品管理"|"发布宝贝"（"宝贝"即卖家对提供商品或服务的爱称）超链接，如图2-2所示。

（3）打开"商品发布"页面，在"上传商品主图"下按要求上传商品的主图，"商品类型"选择"一口价"，并确认商品类目，完成后单击右下侧"确认类目，继续完善"按钮，如图2-3所示。

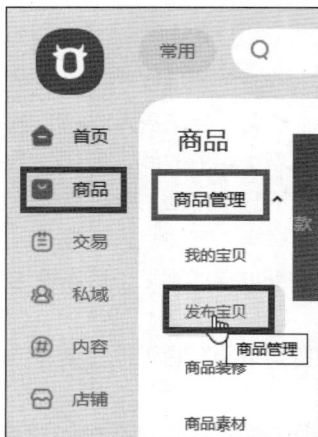

图2-2　单击"发布宝贝"

图2-3　上传商品主图并确认商品类目

💡 提示与技巧

卖家在发布商品前一定要先认真阅读淘宝网的发布商品协议，然后再发布商品，以免带来不必要的麻烦。

（4）在打开的网页中，填写商品的"基础信息"，如"宝贝类型""宝贝标题""导购标题""类目属性"等，如图2-4所示。

图2-4　填写商品的基础信息

（5）接下来填写商品的"颜色分类""一口件""总库存"等销售信息，如图2-5所示。

图2-5　填写商品的销售信息

（6）填写商品的物流信息，如图2-6所示。

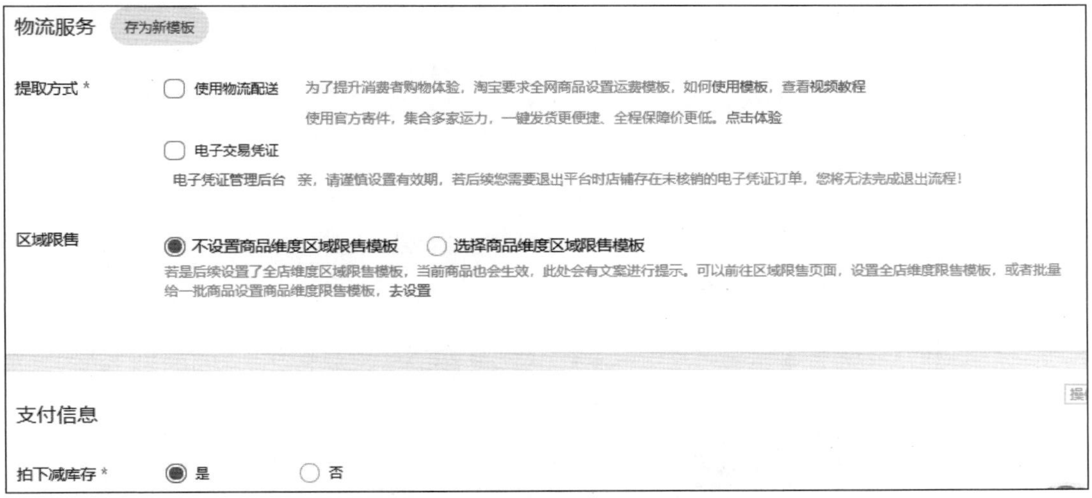

图2-6　填写商品的物流信息

（7）填写支付信息，如图2-7所示。

（8）填写商品的图文描述信息，如图2-8所示。

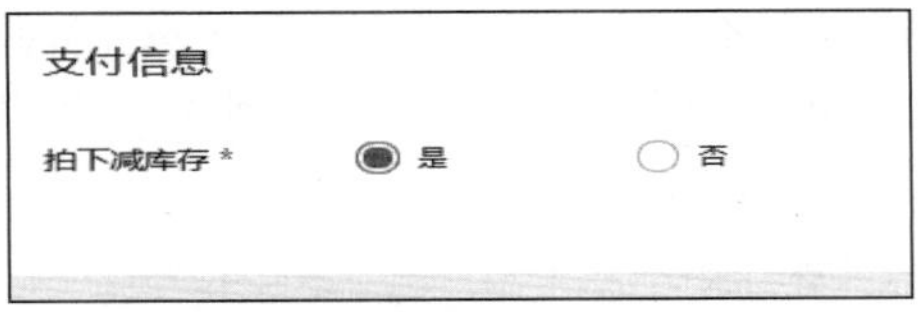

图2-7　填写支付信息

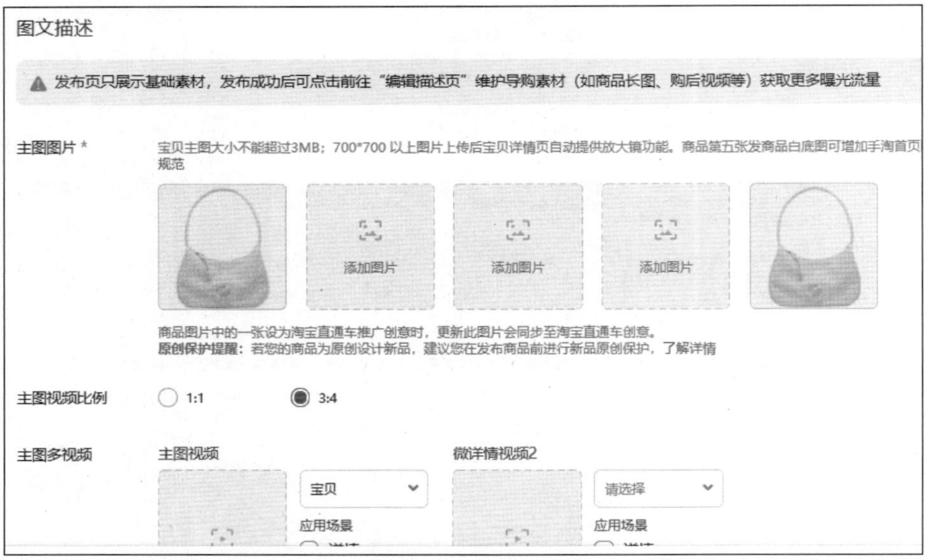

图2-8　填写商品的图文描述信息

（9）填写商品的"售后服务""上架时间"等信息，最后单击"提交宝贝信息"按钮，至此商品发布成功，如图2-9所示。

图2-9　商品发布成功

2. 使用"淘宝助理"发布

利用淘宝助理发布商品的操作也很简单，卖家在创建、编辑完商品信息后，可以将它们一次性地全部发布到淘宝网店中。新建的商品将作为新商品出现在店铺中，而修改的商品将更新现有店铺中的商品信息。

利用淘宝助理上传商品，具体操作步骤如下。

（1）在桌面上找到已经安装好的淘宝助理软件，双击启动淘宝助理，输入会员名和密码，单击"登录"按钮，如图2-10所示。

（2）登录淘宝助理，单击导航菜单中的"宝贝管理"按钮，如图2-11所示。

图2-10　输入会员名和密码

图2-11　单击"宝贝管理"

（3）打开"宝贝管理"页面，单击"创建宝贝"下的"新建空白宝贝"，如图2-12所示。

图2-12　"宝贝管理"页面

（4）打开"创建宝贝"页面，填写商品基本信息。单击类目后面的"选类目"按钮，如图2-13所示。

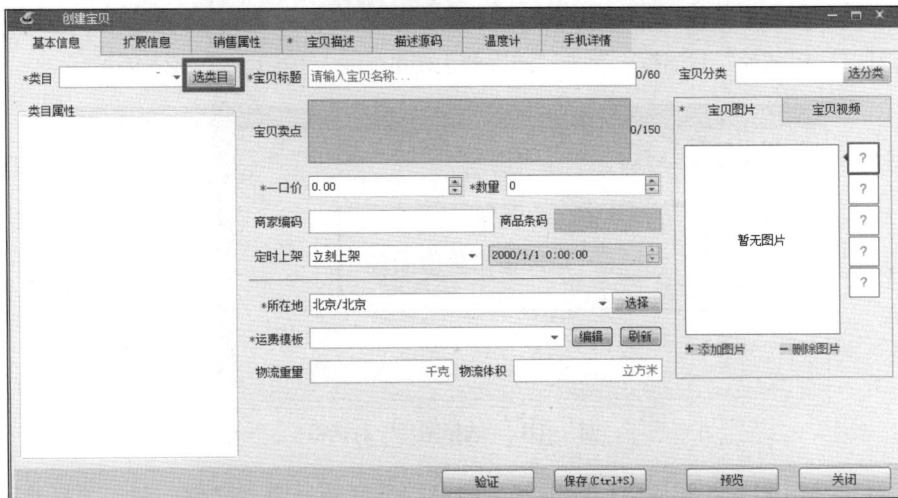

图2-13　"创建宝贝"页面

（5）打开"选择类目"对话框，选择合适的类目，单击"确定"按钮，如图2-14所示。

（6）返回到"创建宝贝"页面，设置类目属性，单击"宝贝图片"下面的"添加图片"超链接，如图2-15所示。

图2-14　选择类目

图2-15　设置类目属性

（7）打开"选择图片"对话框，单击"选择要上传的图片"按钮，如图2-16所示。

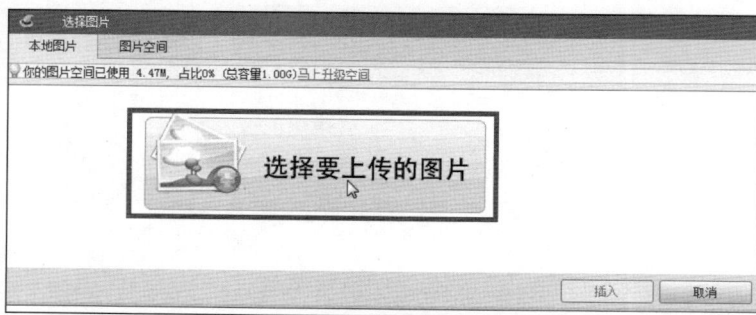

图2-16　"选择图片"对话框

（8）打开"选择图片"对话框，在本地文件夹中选择商品图片文件，单击"打开"按钮，如图2-17所示。

图2-17 "选择图片"对话框

（9）添加商品图片文件，单击底部的"插入"按钮，如图2-18所示。

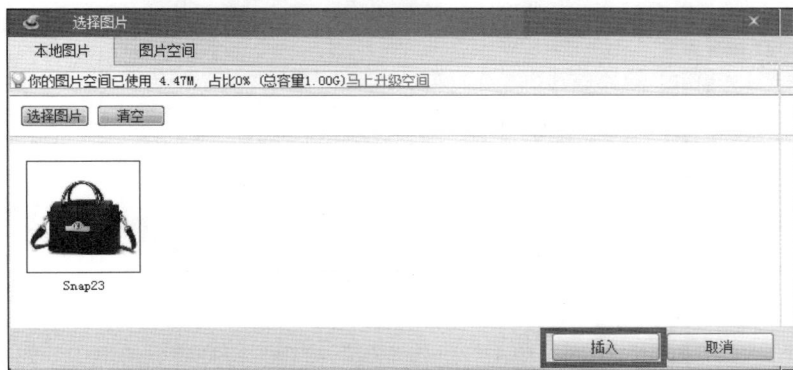

图2-18 添加图片文件

（10）此时商品图片添加成功，单击"宝贝描述"选项卡，如图2-19所示。

图2-19 单击"宝贝描述"选项卡

（11）打开"宝贝描述"页面，如图2-20所示，输入"宝贝描述"信息后单击"保存"按钮。

图2-20 "宝贝描述"页面

（12）单击"销售属性"选项卡，在打开的页面中单击勾选颜色分类并设置"一口价""数量"等销售属性，如图2-21所示。

图2-21 设置销售属性

图2-21（彩色）

（13）返回到"宝贝管理"页面，单击"上传宝贝"按钮，打开"上传宝贝"对话框，单击"上传"按钮，如图2-22所示。

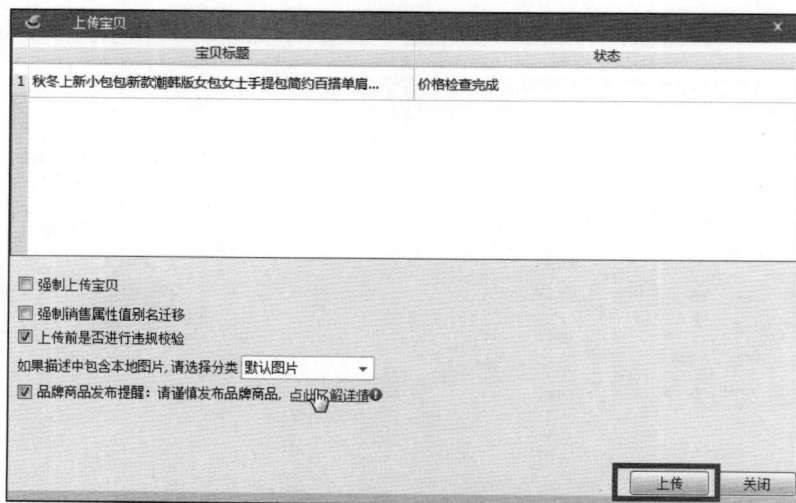

图2-22 "上传宝贝"对话框

（14）至此商品成功上传，使用同样的方法可以继续上传其他商品信息，添加商品的效果展示如图2-23所示。

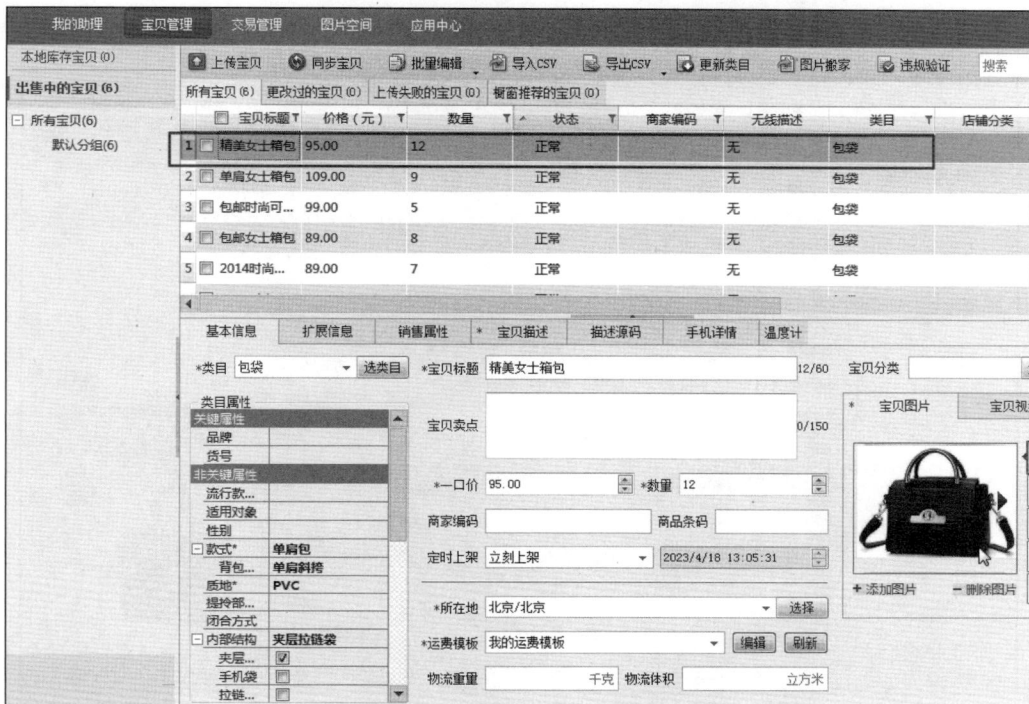

图2-23　添加商品的效果展示

淘宝网商品发布基本规范

卖家应当按照淘宝网系统设置的流程和要求发布商品，部分涉嫌违规风险的商品须通过审核后方可展示。卖家发布商品，应当严格遵守《淘宝平台规则总则》中"信息发布"的基本原则，并遵守以下基本要求。

（1）卖家应当确保商品与描述的完整性、一致性、真实性。①完整性。为保证买家更全面地了解商品，在购买商品前拥有充分的知情权，卖家应在发布商品时完整地列示商品的主要信息，包括但不限于：商品本身、品牌、外包装、发货情况、交易附带物等。②一致性。卖家对商品的描述信息，在商品页面各板块中（如商品标题、主图、属性、详情描述等）应保证要素一致。③真实性。卖家应根据所售商品的属性如实描述商品信息，并及时维护更新，保证商品信息真实、正确、有效；不得夸大、虚假承诺商品效果及程度等。

（2）卖家应保证其出售的商品在合理期限内可以正常使用，包括商品不存在危及人身财产安全的不合理危险、具备商品应当具备的使用性能、符合商品或其包装上注明采用的标准等。

（3）卖家不得发布违反法律法规、协议或规则的商品信息。

2.1.3　导出备份商品信息

为了防止卖家的商品信息意外丢失，淘宝助理可以将商品信息导出到一个备份文件中保存，还可以将商品信息批量导出为标准的CSV文件格式。这样，卖家就可以使用Excel工具或者其他编辑工具，甚至是自己开发的软件来批量处理这些商品信息了，处理完成后还可以将结果导回淘宝助理。

卖家导出标准的CSV文件的具体操作步骤如下。

（1）登录淘宝助理，单击"宝贝管理"选项卡，打开"宝贝管理"页面。勾选要备份的商品，单击"导出CSV"｜"导出勾选宝贝"，如图2-24所示。

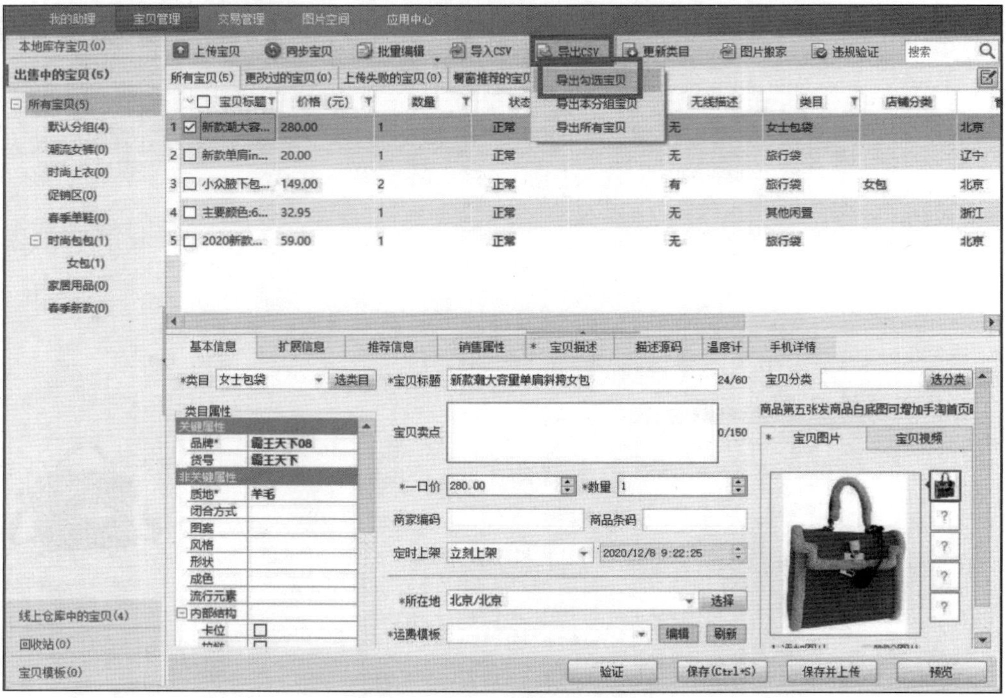

图2-24　单击"导出勾选宝贝"

（2）打开"保存"对话框，选择在本地存储的位置，如图2-25所示。

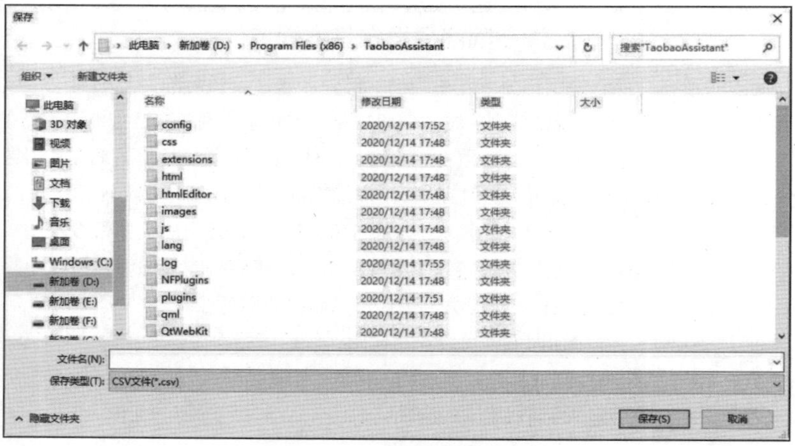

图2-25　"保存"对话框

（3）单击"保存"按钮，即可成功导出CSV文件，如图2-26所示。

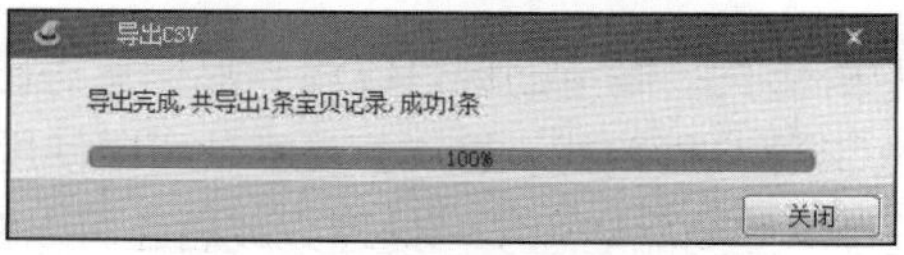

图2-26　成功导出CSV文件

2.2 网店基本管理

下面讲述网店的基本管理，包括选择店铺风格、设置店铺公告、设置商品分类等。

2.2.1 选择店铺风格

店铺风格决定了店铺给人的直观印象，所以选择一个合适的店铺风格很重要。选择店铺风格的具体操作步骤如下。

（1）登录淘宝千牛工作台，单击"店铺"|"店铺装修"|"PC店铺装修"，如图2-27所示。

（2）在打开的页面中单击"装修模板"，如图2-28所示。

2-2 选择店铺风格

图2-27 单击"PC店铺装修"　　　　　　　　图2-28 单击"装修模板"

（3）进入"电脑端模板"页面，选择基础版店铺相应的官方模板配色方案，在可用的模板下选择适合的模板，如图2-29所示。

图2-29 选择模板

2.2.2　设置店铺公告

店铺公告是买家进入店铺后对店铺的第一印象，店铺公告中的内容可以是文字，也可以是图片，通常放在店铺首页最醒目的地方。设置店铺公告的具体操作步骤如下。

（1）登录淘宝千牛工作台，单击"店铺" | "店铺装修" | "PC店铺装修"，在打开的页面中单击"装修页面"，如图2-30所示。

图2-30　店铺装修

（2）打开图2-31所示的页面，单击"店铺公告"处的"编辑"按钮。

图2-31　单击"编辑"按钮

（3）弹出"店铺公告"窗口，在这里卖家可以设置公告中文字的字体、颜色和超链接等，如图2-32所示。

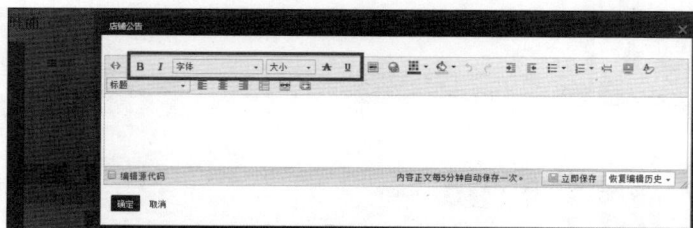

图2-32　"店铺公告"窗口

（4）单击"插入图片"按钮 ▦，弹出"图片"对话框，在文本框中输入图片地址，插入已编辑，保存好的网络图片如图2-33所示。

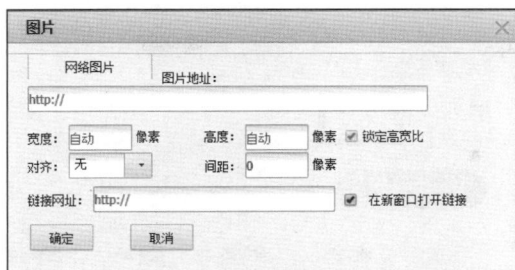

图2-33　"图片"对话框

（5）还可以单击"插入图片空间图片"按钮，插入图片空间的图片，如图2-34所示。

图2-34　插入图片空间的图片

💡 提示与技巧

卖家可以提前设计一张店铺公告图片，写上店铺公告内容，如快递公司、发货时间等，以便让每个进店的买家都能看到。

2.2.3　设置商品分类

合理的商品分类可以使店铺的商品更清晰，方便买家快速浏览与查找自己想要的商品。如果店铺发布的商品数目众多，那么合理的分类就显得尤为重要。设置商品分类的具体操作步骤如下。

（1）登录淘宝千牛工作台，单击"店铺"|"店铺装修"|"装修管理"，如图2-35所示。

（2）在打开的页面中单击"分类设置"按钮，如图2-36所示。

2-3　设置商品分类

图2-35　单击"装修管理"超链接

图2-36　单击"分类设置"按钮

（3）在打开的"分类管理"页面中，单击"添加手工分类"按钮，此时底部会出现一个商品分类，在"分类名称"文本框中输入分类的名称，如图2-37所示。

（4）单击"添加图片"按钮，将出现一个对话框，如果添加的是网络图片，直接在文本框中输入图片的地址，然后单击"确定"按钮即可；也可以选择"插入图片空间图片"单选按钮，插入图片空间的图片，如图2-38所示。

图2-37　"分类管理"页面

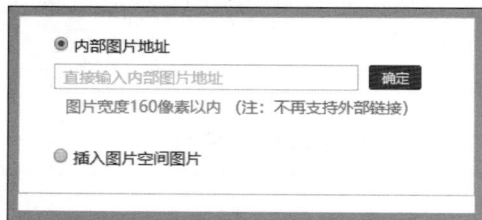

图2-38　插入图片

（5）如果要添加子分类，单击"添加子分类"按钮，即可在上方出现的文本框中填写子分类的内容，如图2-39所示。

（6）单击"移动"下的上箭头和下箭头可以将宝贝分类上移或下移，即调整各分类的顺序，如图2-40所示。商品分类设置完毕后，单击右上角的"保存更改"按钮。

图2-39 添加子分类

图2-40 将宝贝分类上移或下移

💡 提示与技巧

商品分类图是装修店铺必不可少的。有个性、动态的分类图能够吸引更多买家的眼球。

2.3 商品交易管理

商品交易管理工作十分重要，卖家对此应高度重视。

2.3.1 修改商品价格

与开实体店一样，网店卖家经常会遇到讨价还价的买家，在拍下商品后提出打折或包邮等要求，这时卖家可以通过修改最初设定的商品价格来完成商品交易修改商品价格的具体操作步骤如下。

（1）登录淘宝千牛工作台，单击"交易"｜"订单管理"｜"已卖出的宝贝"，进入"已卖出的宝贝"页面。单击宝贝价格下面的"修改价格"，如图2-41所示。

（2）在弹出的列表框中修改商品的价格，输入"折扣"，或者单击"免运费"按钮，即可修改商品价格，此处设置为9折，之后单击"确定"按钮，如图2-42所示。

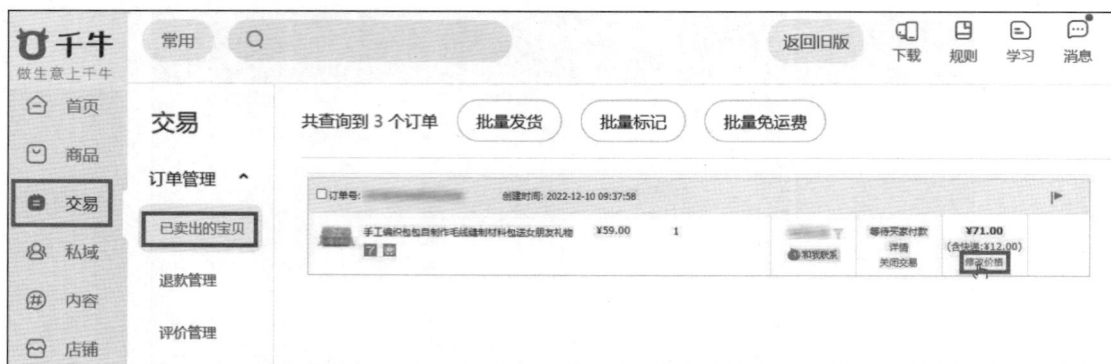

图2-41 "已卖出的宝贝"页面

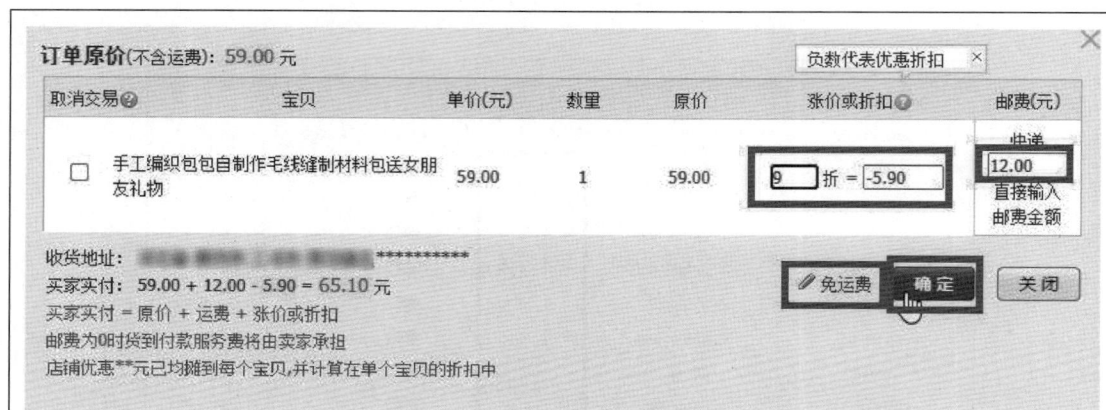

图2-42 修改商品价格

（3）这时商品价格成功修改，如图2-43所示。

图2-43 成功修改商品价格

2.3.2 在线订单发货

买家付款后，商品的交易状态会变成"买家已付款"，此时卖家可以联系物流公司实现在线订单发货，其具体操作步骤如下。

（1）登录淘宝千牛工作台，单击"交易"|"订单管理"|"已卖出的宝贝"，进入"已卖出的宝贝"页面，单击需要发货的商品后面的"发货"按钮，如图2-44所示。

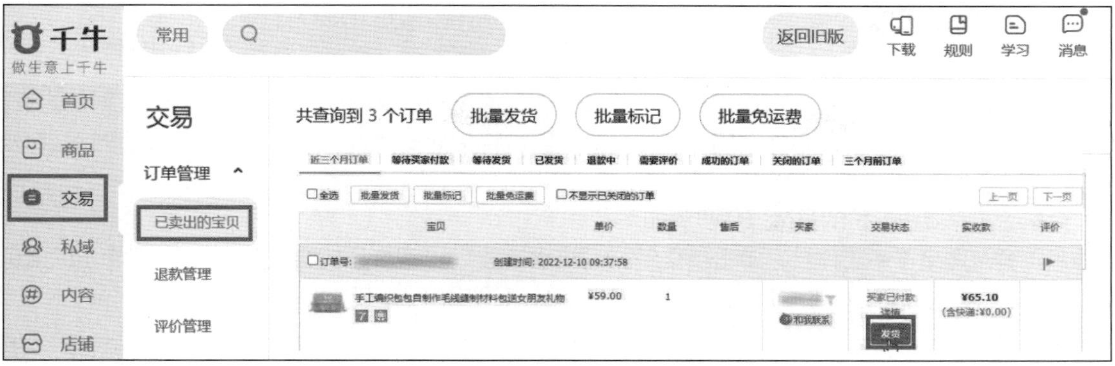

图2-44　"已卖出的宝贝"页面

（2）进入确认收货信息及交易详情页面，如图2-45所示。卖家将这些信息确认完毕后，选择物流公司，即可成功发送货物，如图2-46所示。

图2-45　确认收货信息及交易详情页面

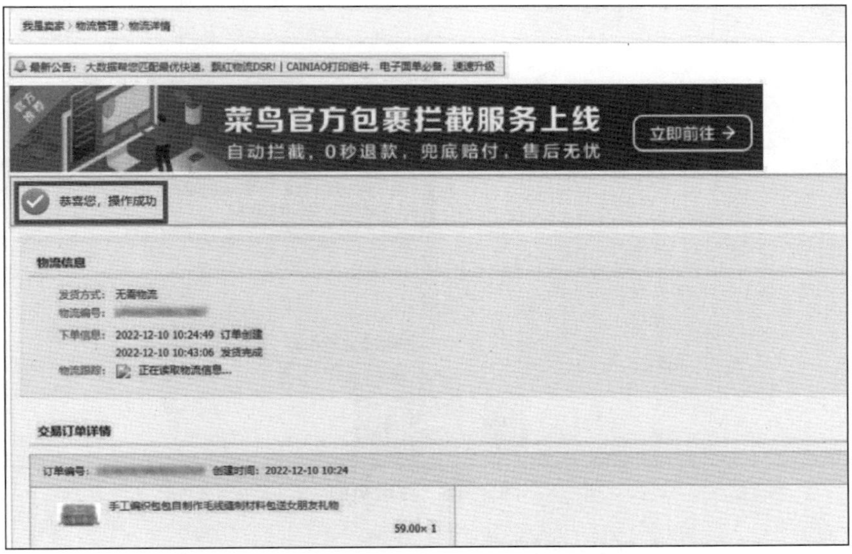

图2-46　成功发送货物

2.3.3 评价买家

淘宝网会员在个人交易平台使用支付宝服务成功完成每一笔交易后，买卖双方均有权对对方交易的情况做评价，这个评价亦称为信用评价。买家收到货将货款支付给卖家后，卖家应及时对买家做出评价。

卖家给买家做出评价的具体操作步骤如下。

（1）登录淘宝千牛工作台，单击"交易"|"订单管理"|"已卖出的宝贝"，打开"已卖出的宝贝"页面，可以看到对方已经评价，单击"评价"超链接，如图2-47所示。

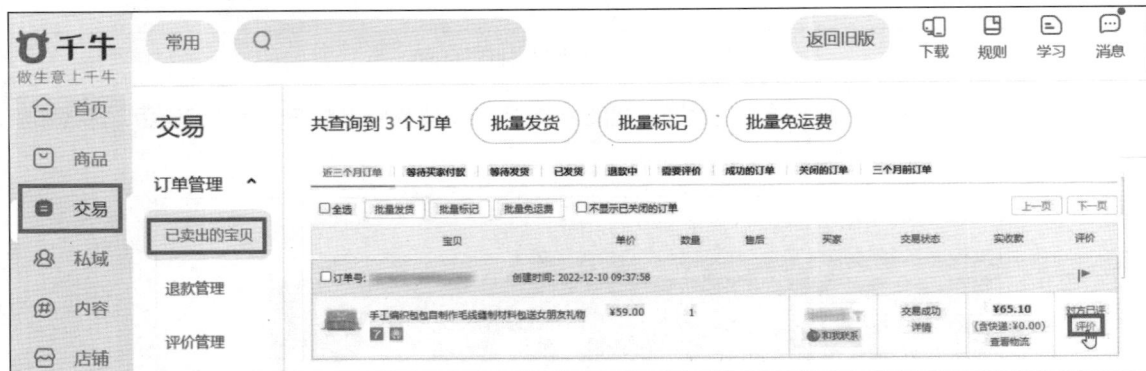

图2-47 "已卖出的宝贝"页面

（2）进入评价页面，选择"好评"单选按钮，输入评价内容后，单击"发表评论"按钮，如图2-48所示。

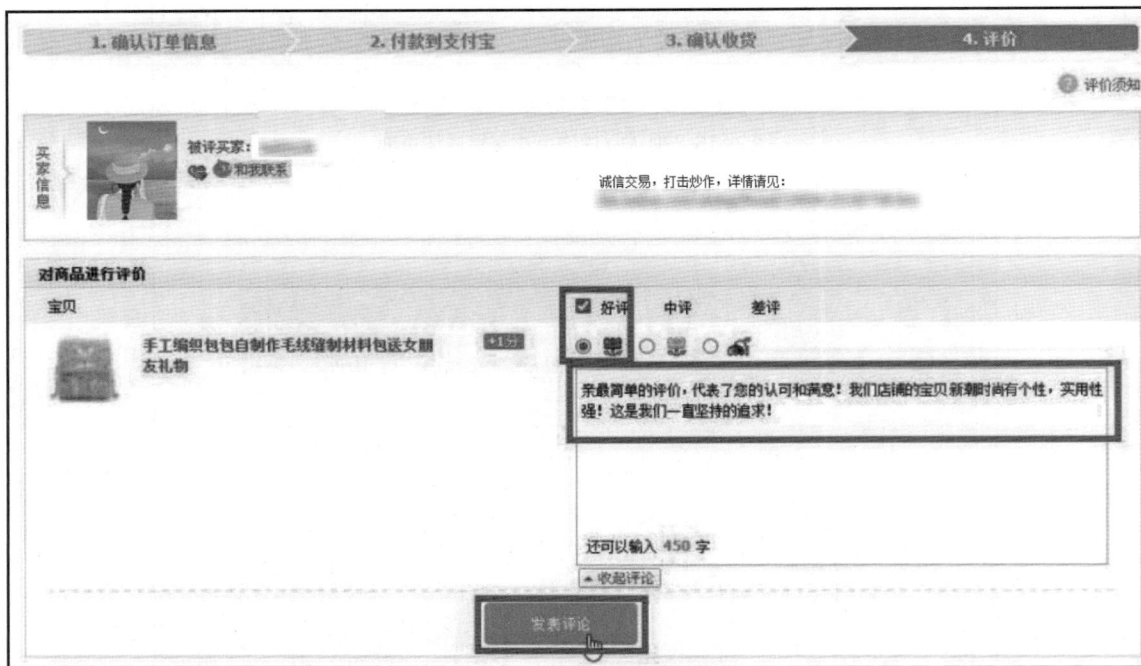

图2-48 评价页面

（3）这时评价买家成功，如图2-49所示。

信用评价成功1个！评价内容在买卖双方互评完成后才会在商品页面展示！

您店铺目前的等级为：████ ██分 >

图2-49　成功评价商品

案例分析

退休大妈网上开店

全民创业的环境让无数人争先恐后地在网上开店，包括刚毕业的大学生、失业人员、有着稳定收入的在职者等，甚至一些退休人员也在网上找到了创业的机会。这些人通过网络将自己的生意打理得有声有色，同时也打破了人们只有年轻人才在网上创业的刻板印象。

1．退休老人开始创业

75岁的何大妈是一位退休老人，有一次在旅游途中遇到一些传统手工艺人，他们哀叹传统手工艺后继无人，即将失传。喜欢手工艺的何大妈回家后，就将这些遗憾讲给了其他几位志同道合的退休老人听。大家一拍即合，萌生了要保护传统手工艺的想法。

他们开店创业的起步资金是各自的养老金和积蓄，店铺开在当时非常繁华的地段。一开始因为没有充足的货源，何大妈根据当初在厂里做销售的经验，采用优势互补原则，利用地段优势通过代别人展示手工艺品收取租金，获得了第一桶金。然而，正当生意渐有起色之时，2003年受大环境影响，他们无奈地退了租，另寻一间面积仅7平方米的店面，转战网上开店，继续坚守当初的梦想。

2．"触网"开店

老年人网上开店既可以丰富生活，又可以继续实现个人价值，如果选择的是自己很感兴趣的项目，则能继续发挥特长。

网上购物平台太大了，买家足不出户即可浏览全国各地琳琅满目的商品，一旦对其商品感兴趣，就会直接与卖家联系。

设计店标、处理商品图片、发布商品、进货、管理店铺客服人员……何大妈每天的生活都过得很充实，对于每位买家，她都会认真回复。买家也有"老奶奶情怀"，对这样的店，买家忠诚度更高，而且因为有特色而不容易被复制，很容易积累大量忠诚买家。何大妈希望通过她的微薄之力，展示、宣传古老的手工艺，让其得以延续。

根据上述材料和本章内容，分析以下问题。

1．老人开店铺有什么优势？
2．怎样在淘宝网开店并发布商品？

实战演练

淘宝助理批量编辑商品信息

淘宝助理可用于批量编辑商品信息，为卖家节省宝贵的时间。例如，淘宝助理可帮助卖家批量修改100件商品的标题，为这些标题增加相同的前缀，或者替换这些标题中的特定文字；修改后淘宝助理将其批量上传，无须人工操作。通过批量打印快递单、发货单，卖家既可以减少大量人工填写工作，又可以自定义打印模板。通过批量发货、批量好评，卖家可以减少诸多手工操作的时间。

淘宝助理批量修改商品信息的具体操作步骤如下。

（1）登录淘宝助理，单击"出售中的宝贝"，如图2-50所示。

（2）打开"宝贝管理"页面，单击勾选多个商品，单击"批量编辑"｜"宝贝数量"，如图2-51所示。

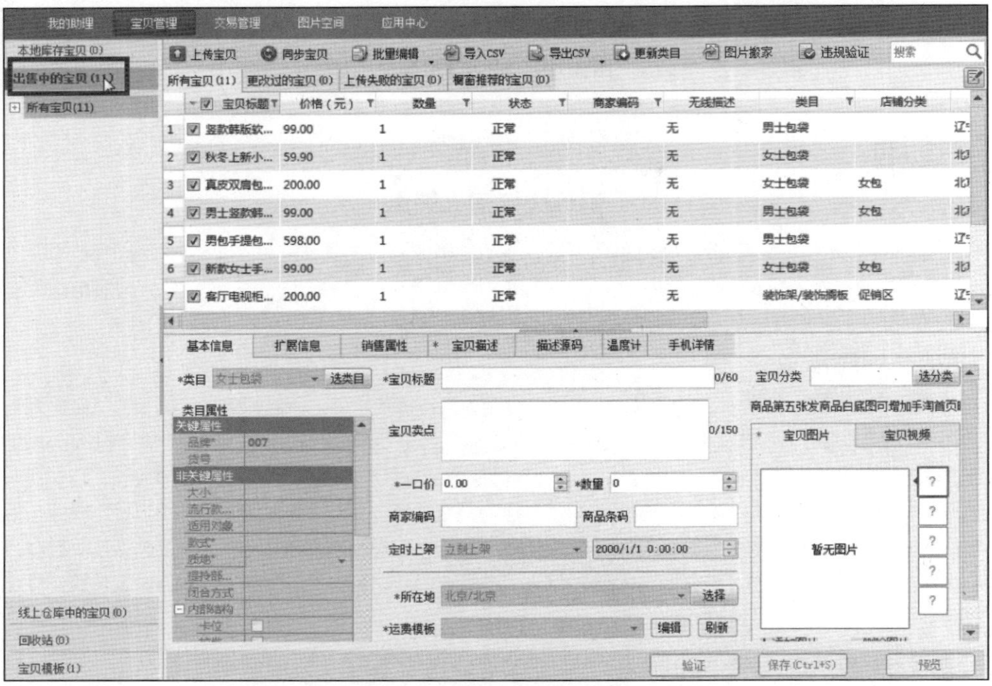

图2-50　单击"出售中的宝贝"

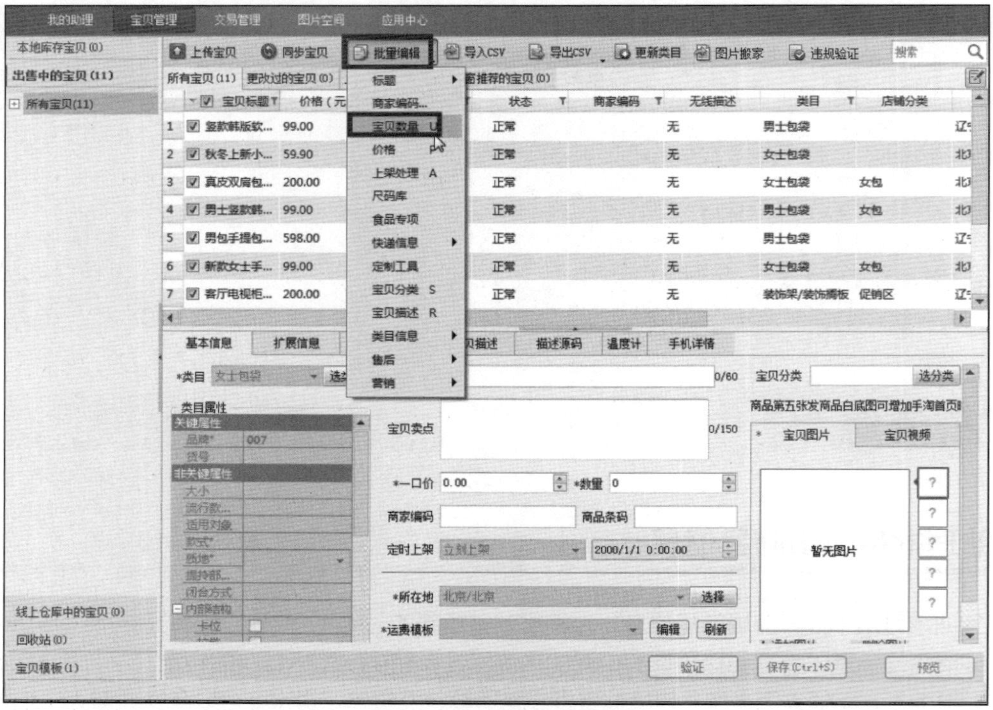

图2-51　单击勾选多个商品

（3）打开"宝贝数量"对话框，在"新的数量"中输入商品的新数量值，如图2-52所示。

图2-52 输入商品的新数量值

（4）单击"保存"按钮，即可对选中商品完成批量修改商品的数量值，效果如图2-53所示。

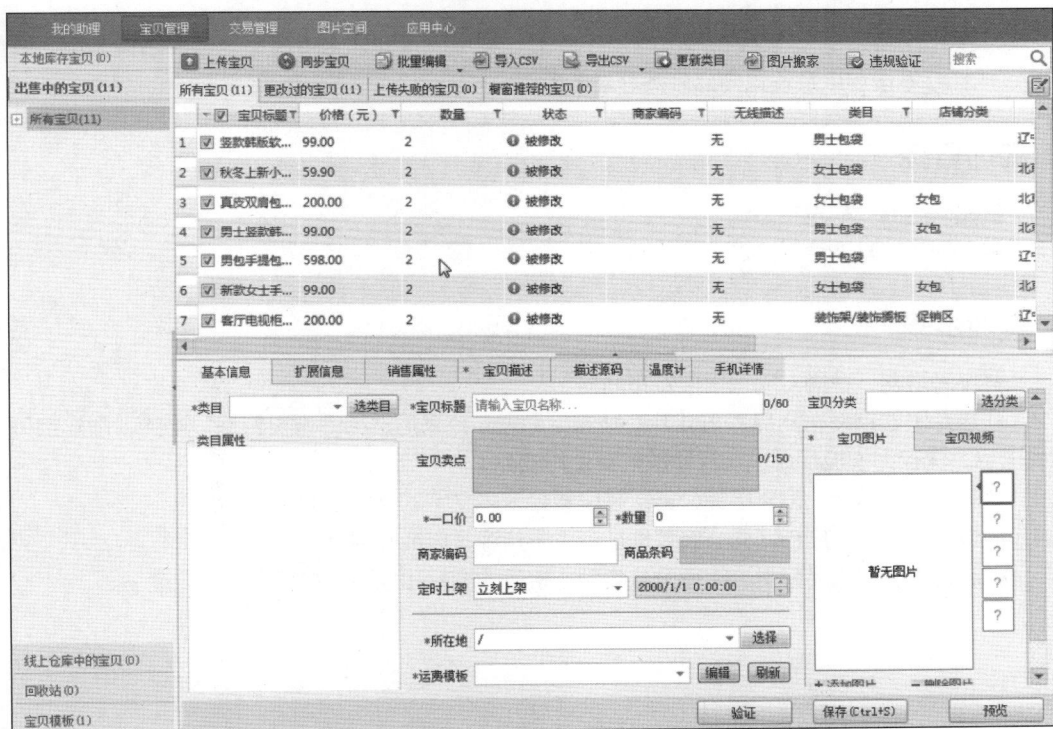

图2-53 批量修改商品的数量值

课后习题

一、填空题

1．商品可以在淘宝网上＿＿＿＿＿＿＿＿，也可以使用＿＿＿＿＿＿＿发布。

2．在网上购物，影响买家是否购买的一个重要因素就是＿＿＿＿＿＿，很多卖家也会花费大量的心思在＿＿＿＿＿＿上。

3．＿＿＿＿＿＿决定了店铺给人的直观印象。

4. 淘宝网会员在个人交易平台使用支付宝服务成功完成每一笔交易后，买卖双方均有权对对方交易的情况做一个评价，这个评价亦称为_____。

二、思考题

1. 在填写商品介绍信息时应注意哪些方面？
2. 怎样利用淘宝助理上传商品信息？
3. 如何设置店铺公告？
4. 如何给淘宝网店设置商品分类？

任务实训

本次实训旨在帮助读者掌握在淘宝网发布商品、利用淘宝助理上传商品、选择店铺风格、设置店铺公告、店铺基本设置以及设置商品分类等基本操作。

一、实训目标

1. 掌握网店商品的发布方法。
2. 掌握网店的基本管理方法。

二、实训步骤

1. 登录淘宝网，在淘宝网上直接发布商品。
2. 利用淘宝助理发布商品，下载并安装淘宝助理，登录后选择"宝贝管理"中的"创建宝贝"添加商品信息，保存为模板，通过淘宝助理批量上传商品。
3. 登录淘宝网后台，设置店铺公告，并设置公告中文字的字体、颜色等。
4. 设置店铺名称、店铺简介、经营地址、主要货源、店铺介绍等信息。
5. 在店铺中设置商品分类，为每个分类制定相应的图标和描述，提高商品辨识度。

第 **3** 章

淘宝网店装修

　　网店装修的重要性在于它能够直接影响买家的购物体验。通过精心设计的网店装修，买家可以在第一时间了解网店的信息。此外，良好的网店装修还能起到美化网店的作用，提升网店的品牌形象和信誉度。本章主要介绍网店装修基础知识、淘宝PC端网店装修、淘宝移动端网店装修。

学习目标

知识目标	☑	熟悉网店装修的定义
	☑	熟悉网店装修的风格
	☑	熟悉网店装修的内容
技能目标	☑	掌握 PC 端网店装修方法
	☑	掌握移动端网店装修方法

3.1 网店装修基础知识

网店装修的目的是把店铺装修得非常漂亮，这样才能吸引并留住买家，为店铺带来更多的流量和回头客。

3-1 网店装修
基础知识

3.1.1 网店装修的定义

网店装修是指对网络店铺进行视觉设计和美化，包括店铺首页、商品详情页等各类页面的设计和布局。网店装修可以提升店铺形象和用户购物体验，提升用户的信任度，从而促进销售。

人作为视觉动物，第一印象会对其认知产生相当大的影响。人们在线下实体店购物时，装修精美且有特色的门店往往更容易吸引买家。如果店铺没有经过装修，货品堆放杂乱无章，买家进入后，都找不到自己需要的商品，相信买家的购物欲望也会大打折扣，甚至看都不看扭头就走了。类似于线下实体店铺的装修，网店装修也要认真设计、合理布局，才能吸引目标顾客群体，并提升用户体验。

3.1.2 网店装修风格

怎样确定网店的装修风格呢？下面具体介绍。

1. 确定主色调

要确定店铺的主色调，卖家首先要分析自己店铺商品的目标人群，了解这部分买家易于接受的色彩。例如，我们大多喜欢用红色来表达喜庆、祥和，因此在春节促销期间可以以红色为主色调。例如，图3-1所示为春节促销期间家居店铺的主色调。

图3-1（彩色）

图3-1 春节促销期间家居店铺的主色调

2. 确定搭配辅助色

除了主色调外，网店还需要辅助色来衬托。需要注意的是，辅助色只能起辅助作用，不可过多，以免喧宾夺主。例如，红色给人以喜庆的感受，常被用于与节日有关的网店页面装修，而黄色作为辅助色，和黄色搭配就会给人一种强烈的视觉冲击。

图3-2所示的网店页面，就是红色为主色调，黄色为辅助色。红色和黄色都属于暖色系，二者的搭配在很多方面都有运用。

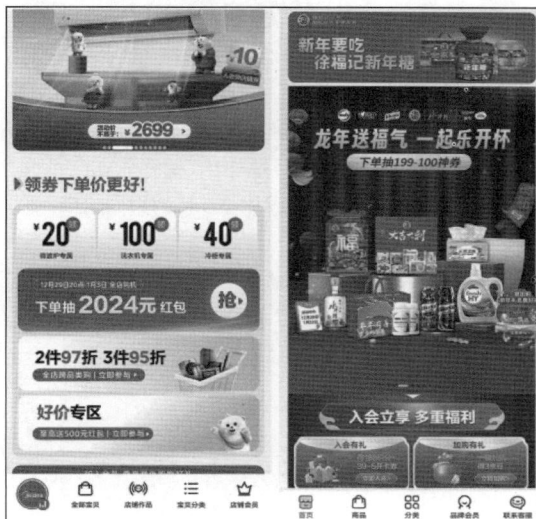

图3-2（彩色）

图3-2 搭配辅助色

3.1.3 网店装修的内容

网店装修的内容主要包括首页，海报、店招及商品详情页。

（1）首页是网店的门面，可引导买家找到需要的商品，可以使买家对网店有直观的了解。

（2）海报、店招能够让买家迅速获取店内的促销信息，并引导其进入活动页面。当网店推出一些促销活动时，如优惠券、满就送等，就需要通过促销海报来吸引买家。某网店的促销海报如图3-3所示。

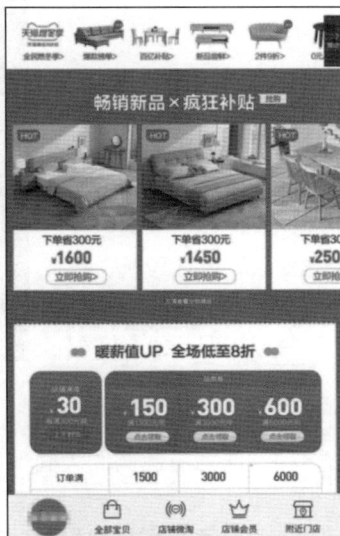

图3-3 某网店的促销海报

（3）商品详情页主要用来展示商品的具体信息，让买家对商品的基本属性、销售情况及评价信息有充分的了解。

网店装修的方法

网店装修可以通过三种方法实现：一是购买服务市场的装修模板进行装修，二是利用系统提供的模块进行自主装修，三是通过专业网店装修公司进行装修。

三种方法相比，购买服务市场的装修模板进行装修比较简单，淘宝商家可以应用一些特定的样式和效果，但是需要付费，价格从几十元到几百元不等，页面风格也相对固定，缺乏个性。

利用系统提供的模块进行自主装修自由灵活，可以设计个性化的页面风格，但对装修人员的要求较高，即需要装修人员熟练掌握HTML语言和图片处理技术。

专业网店装修公司会承接淘宝店铺的设计，它们会让专业的网店装修人员来帮忙建立网店页面，淘宝商家只需要将自己的需求与构想告诉他们即可。但这种装修方法的价格更高，一般从几百元到几千元不等。

3.2 淘宝PC端网店装修

淘宝PC端网店各页面都是由页头、主体、页尾构成的，而且页头和页尾一般都是统一的。卖家对各页面的装修都是在统一布局的基础上，添加各模块，然后再对模块进行编辑。

3-2 淘宝PC端
网店装修

3.2.1 PC端网店首页装修风格与布局

装修过网店的卖家都知道，网店的首页醒目且关键，其装修的好坏能在一定程度上影响买家的购买行动。首页是网店的门面，也是决定网店整体装修风格的重要一环。本节以首页为例，介绍首页的装修风格和布局。

1. 首页的色彩搭配

淘宝智能版提供了丰富的配色方案，卖家在页面装修界面左侧"配色"菜单中可以看到有5种风格，涵盖了多种色调，有基础版天蓝、草绿色、粉红色、黑白色、鹅黄色，如图3-4所示。

当为网店选择了系统默认的配色方案后，会在导航、各模块标题上应用该配色方案。色彩的设置和使用非常简单，但是能恰当地使用好色彩需要有一定的色彩知识。色彩搭配要注意以下几点。

图3-4 PC端店铺页面配色方案

（1）色调要统一，不能相差过大。

（2）页面上的主色最好不要超过3种，作为主色调的大面积色彩要统一，其他颜色只是辅助和衬托。

（3）色调要与自己的经营内容相符合，每种色彩都有其情感特点，不同的色彩适合不同类型的网店。

2．首页的布局

进行网店首页装修时，卖家要对网店的首页进行布局。首页的布局应尽可能采取简单、层次分明的结构，以便于买家浏览商品。

首页从上到下分为页头、主体和页尾3个部分。页头由网店招牌和导航等模块构成，位于页面的最上方；主体主要由图片轮播、客服中心、商品分类、促销活动区、商品展示区等模块构成，其布局可以灵活调整；页尾由自定义内容模块实现，一般用于展示分类导航及售后服务等，位于页面底部。首页的布局可参考图3-5。

图3-5　PC端网店首页布局

> 💡 **提示与技巧**
>
> 在页面的整体布局设计好之后，卖家就可以将功能模块直接拖入相应的布局区域并进行编辑操作。利用系统默认的装修模块制作网店首页，操作起来相对简单，但是效果比较单一、呆板。卖家在具体操作中可尝试利用自定义内容区的模块，通过代码加图片的方式，可取得更好的效果。

3.2.2　PC端网店首页装修模块

首页是由多个模块搭建而成的，想要布局一个优秀的网店首页，卖家就需要对网店的每个模块都有非常清晰的了解，并且知道它们的重点和注意点，以及每个模块的使用技巧。图3-6所示为系统自带的各种模块。

图3-6　系统自带的各种模块

1．网店招牌

淘宝网店的网店招牌（以下简称"店招"）类似于实体店的店铺招牌。买家一看到店招，就应知道这家店铺是卖什么商品的。设计得漂亮的店招还能够吸引买家进去看一看，并决定是否在店里买一些需要的东西。淘宝网店内的店招也起到同样的作用。店招一般位于页面的上方，买家通过搜索进入详情页，首先看到的也是店招，如图3-7所示。

图3-7　网店招牌

2. 网店导航

导航可分为淘宝系统自带的导航和自定义导航，其主要功能是帮助买家快速找到相应的商品。网店导航就是店铺附带的商品及店铺信息，这些信息包括品牌故事、所有商品、热销商品、活动等。对于导航的设置，卖家应根据自身实际情况而定，不是内容越多越好，而是应结合自己网店的运营，选取对网店经营有帮助、相对有竞争优势的内容及自己独有的网店内容。图3-8所示为店铺页头的导航。

图3-8　店铺页头的导航

3. 图片轮播

淘宝网店首页第一屏是点击率最高的区域，因为买家来到网店第一眼看到的就是这个区域，如果这个区域设计得不够出彩，那么买家就会迅速地下拉页面。现在很多店铺的首页第一屏都设置为图片轮播，能最大限度地展现网店活动信息、热卖产品等。需要注意的是，卖家要保证这个区域在不同的屏幕分辨率下都能够清晰地展现出来。图3-9所示为图片轮播。

图3-9　图片轮播

4. 商品分类

卖家将网店内的商品分类展示，可以方便买家根据自己的需求快速找到想要的商品。最简单的分类方式就是在淘宝店铺后台的"分类管理"中录入分类名称，这样网店就可以以文字的形式把网店中的分类在首页中展示出来。图3-10所示为淘宝网店后台的分类管理。

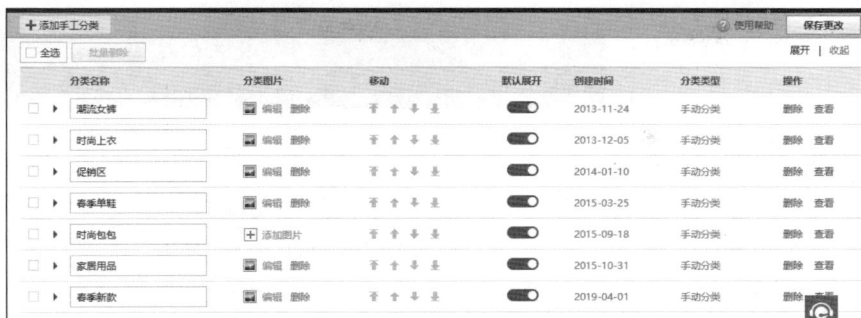

图3-10　宝贝分类管理

5. 商品展示区

卖家在网店首页可以通过各种方式展示商品，其中最简单的方式就是使用淘宝网自身的商品展示系统，如图3-11所示。但是，这样的展示方式既不直观也不美观，更无法突出重点。为了突出展示网店里品质高、包装精美、利润空间大的某些商品，卖家可将其定位为主推商品，以大型海报或产品列表的形式展示出来。

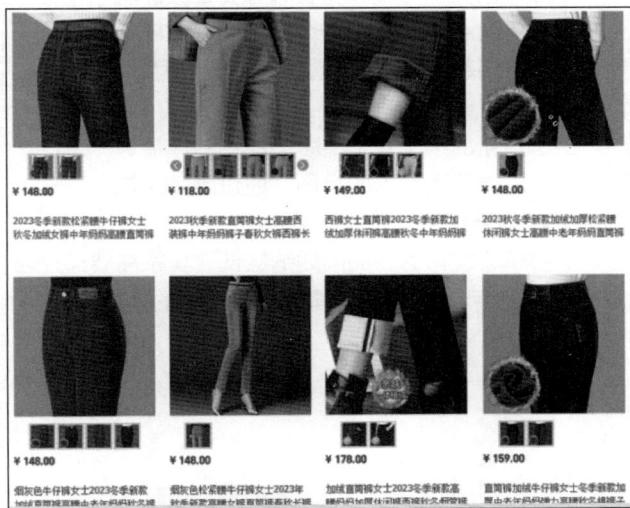

图3-11　淘宝网自身的商品展示系统

6. 商品搜索模块

商品搜索模块是淘宝网自带的针对网店内商品进行搜索的模块，卖家只需在装修时添加该模块即可。根据搜索模块添加的位置不同，其呈现的外观也略有不同，如图3-12所示。

7. 页尾模块

页尾模块是一个非常重要但容易被卖家忽略的模块。店内的所有页面呈现的页尾模块都相同，它的主要作用是引导买家浏览其他宝贝，降低页面跳失率，提升店铺收藏量。页尾相对来说内容比较少，而且系统默认只能放置一个自定义的模块。同时，页尾在设计上也要注意与整体风格统一。通常，页尾会放置分类导航及售后服务等内容，以增加买家对网店的信任度。图3-13所示为网店的页尾模块。

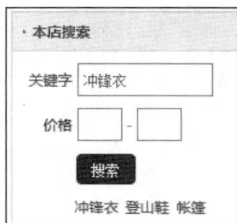

图3-12　商品搜索模块

图3-13　网店的页尾模块

3.2.3　PC端商品详情页设计思路

根据网店运营情况，网店商品可以分为新品、促销商品、热卖单品等，下面介绍这3种商品的详情页的设计思路。

1. 新品详情页的设计思路

对于新品，其详情页的设计思路如下。

（1）突出差异化卖点。在激烈的竞争环境中，卖家想要让新品脱颖而出，就必须突出商品的差异化卖点。差异化卖点是指商品或服务中独特的、能显著区别于竞争对手的特点或优势。图3-14所示的新品详情页就突出了差异化卖点。

（2）强调品牌、品质。由于对新品不了解，买家可能会对详情页里的内容有所怀疑。卖家此时就需要强调商品的品质，通过品牌来加强买家对商品的信任度，如图3-15所示。

图3-14　突出差异化卖点

（3）运用各类营销方式。由于新发布的商品前期销量低，卖家需要通过各种各样的营销方式为商品积累一定的基础销量，这也是设计新品详情页时需要优先思考的内容。图3-16所示为新品打折促销信息。

图3-15　强调品牌、品质

图3-16　新品打折促销信息

2. 促销商品详情页的设计思路

对于促销商品，其详情页的设计思路如下。

（1）突出活动力度。卖家可通过大力度的促销活动吸引买家，使其对商品产生兴趣和关注。图3-17所示为下单即享多重好礼的促销活动，突出了促销活动的力度。

（2）强调性价比高。有时候只靠促销活动还不足以让买家购买，当买家对促销活动和商品产生兴趣后，卖家再强调商品的性价比高及品质有保障，使买家有物超所值的感觉，更能有效地提高商品转化率。图3-18所示为强调性价比高的详情页设计。

图3-17　下单即享多重好礼的促销活动　　　　图3-18　强调性价比高的详情页设计

3．热卖单品详情页的设计思路

热卖单品指的是网店里销量比较高的商品。这类商品的详情页，需要突出商品的热销盛况并强调商品的功能优势，其详情页的设计思路如下。

（1）突出商品的热销盛况。卖家利用买家的从众心理去提高商品的转化率是常用的营销方式之一。突出商品的热销盛况，暗示买家商品被大众认可，可以减少买家的购买顾虑。图3-19所示为突出热销盛况的商品详情页。

（2）强调商品的功能优势。卖家可利用商品的功能优势来证明买家选择的正确性，使买家放心购买。图3-20所示为强调商品功能优势的商品详情页。

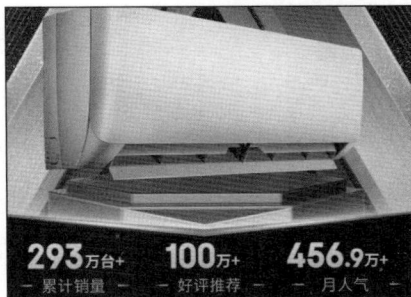

图3-19　突出热销盛况的商品详情页　　　　图3-20　强调商品功能优势的商品详情页

3.3　淘宝移动端网店装修

随着移动互联网的发展，淘宝网的业务逐渐向移动端倾斜，其网店浏览量与成交量已经远远超过了PC端，可以说，移动端已经成为卖家竞争的主要阵地。因此，移动端网店的装修比PC端网店的装修更为重要。

卖家登录千牛工作台，单击左侧的"店铺"|"店铺装修"|"手机店铺装修"，进入图3-21所示的页面，可以对移动端网店的首页、活动页、新品页、微淘页、大促承接页、店铺印象页、店铺搜索页及自定义页进行装修。

图3-21　手机店铺装修

卖家选择要装修的页面，单击其右侧的"装修页面"，即可进入"淘宝旺铺"页面进行相应的装修，如图3-22所示。

图3-22　装修页面

1. 页面风格与布局

移动端页面需要注意风格统一，但是由于移动端屏幕尺寸有限，网店呈现的内容一定要简洁明了，文字信息要尽量少，以图为主。此外，色彩上要尽量采用相对鲜亮的颜色，以提升买家的浏览体验。移动端的页面布局要注意大方得体，一般页面布局结构可参考图3-23。其中，网店招牌位置固定，在页面最上方；海报图文用于展示店内热销、主推商品及店内促销信息；营销活动用于展示店内开展的促销活动，如送优惠券、满减、送红包等；

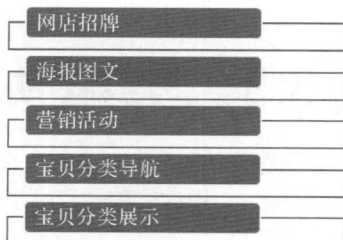

图3-23　页面布局结构

宝贝分类导航一般用图片分类引导买家查看类目下的商品页面；宝贝分类展示则是按不同类目展示商品。

2．容器与模块编辑

移动端页面装修是通过容器进行布局控制的，如图3-24所示。淘宝旺铺中主要有5类容器，分别是图文类、视频类、营销互动类、LiveCard类和宝贝类，不同类别的容器内只能放置相应的模块。

图3-24　移动端页面装修

📋 **案例分析**

"装修"网店也能赚钱

在网购火爆的今天，一个网店除了商品和价格，网店的门面也很重要。在线下实体店中，很多客户是被店面风格吸引而购物的，为了招揽客户，网店也同样需要进行"装修"。

这就催生了一个新职业——网店装修师。他们用图案、文字拓展了营销的意义，也为网店客户带来了全新的购物体验。对于这个新职业，不少人认为只要能熟练运用制图软件就行了，其实制图只是一个基本技巧。要想成为一名合格的网店装修师，他们还需要更多看不见的软实力。

据了解，网店装修大致可分为制作模板和个性定制，制作模板相对轻松，而个性定制耗费的精力比较多。定制时要根据卖家需求进行个性化制作，无论是网店招牌、商品的展位设计、客服中心设计等，都要跟卖家要求相匹配。

王方是一名网店装修师，主要是将设计好的模板卖给淘宝卖家，他每周都会推出一两套不错的模板，一套的价格为200～400元。卖家的要求不同，花费的价格也就不同。一般装修分为简装和精装，简装最便宜，基本有现成的模板，价格在几十元到一百多元不等。选择精装的卖家要求多，不仅要求有"宝贝描述""宝贝分类"等基本模块，还要求有网店标牌、整体形象设计、定期制作促销广告等，价格在几百元到上千元不等。

一名合格的网店装修师，不仅要会设计，还要熟悉电商规则，明确卖家卖的是什么，卖家的定位是什么，怎样才能把卖家特色挖掘出来成为卖点；另外，要熟悉买家的购物习惯，他们愿意进什么样的网店购物，以及什么样的设计会让他们舒服。

根据上述材料和本章内容，分析以下问题。

1．怎样利用网店装修赚钱？

2．怎样才能成为一名合格的网店装修师？

实战演练

实战演练一：装修移动端网店首页

对移动端网店首页进行设计并增强其视觉效果，是增强网店首页吸引力的重要手段，下面介绍如何装修移动端网店首页。一个设计合理的网店首页能够对网店的销售起到重要的推动作用。淘宝移动端网店首页装修的具体操作步骤如下。

（1）登录千牛工作台，单击"店铺"|"店铺装修"|"手机店铺装修"，在打开的页面中单击"装修页面"，如图3-25所示。

图3-25 单击"装修页面"超链接

（2）打开图3-26所示的"淘宝旺铺"页面。

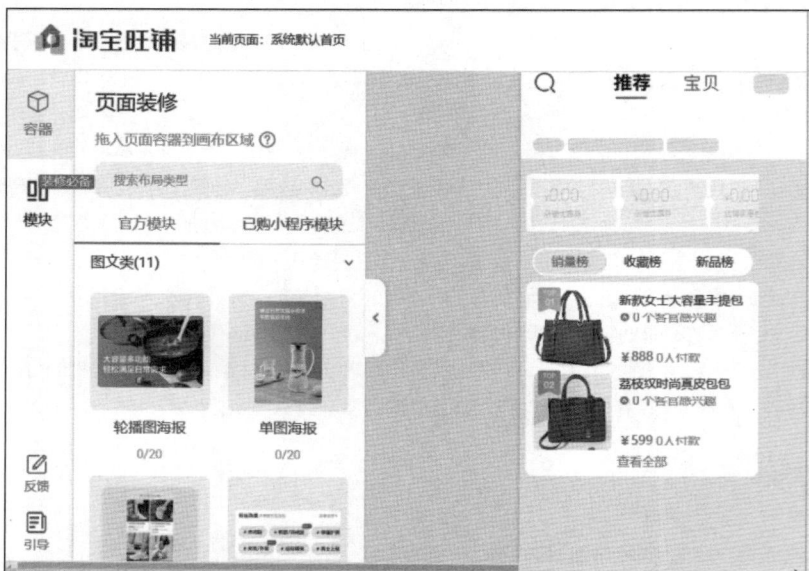

图3-26 "淘宝旺铺"页面

（3）选择"图文类"下的"店铺热搜"模块，如图3-27所示。

图3-27　选择"店铺热搜"模块

（4）按住鼠标左键不放，将"店铺热搜"模块拖曳到淘宝移动端店铺首页相应的位置，如图3-28所示。

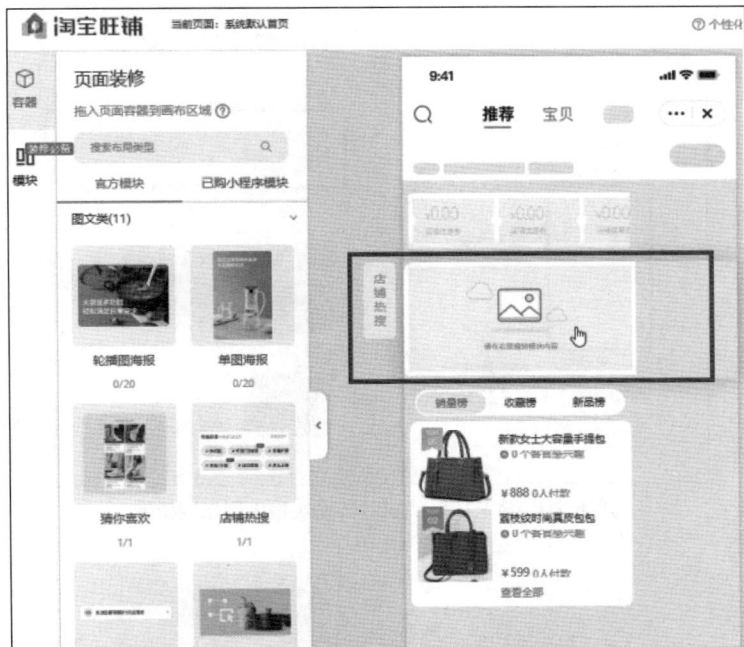

图3-28　将"店铺热搜"模块拖曳到相应的位置

（5）松开鼠标左键，"店铺热搜"模块添加成功，在右侧设置模块名称和样式，如图3-29所示。

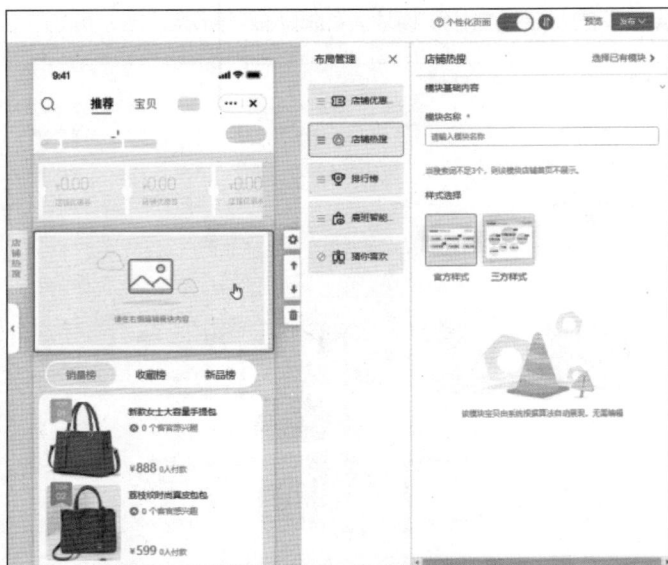

图3-29　在"店铺热搜"模块中设置模块名称和样式

（6）再次进入"淘宝旺铺"页面，选择"营销互动类"|"店铺优惠券"模块，按住鼠标左键不放，将"店铺优惠券"模块拖曳到淘宝移动端店铺首页相应位置，松开鼠标左键，"店铺优惠券"模块添加成功，如图3-30所示。

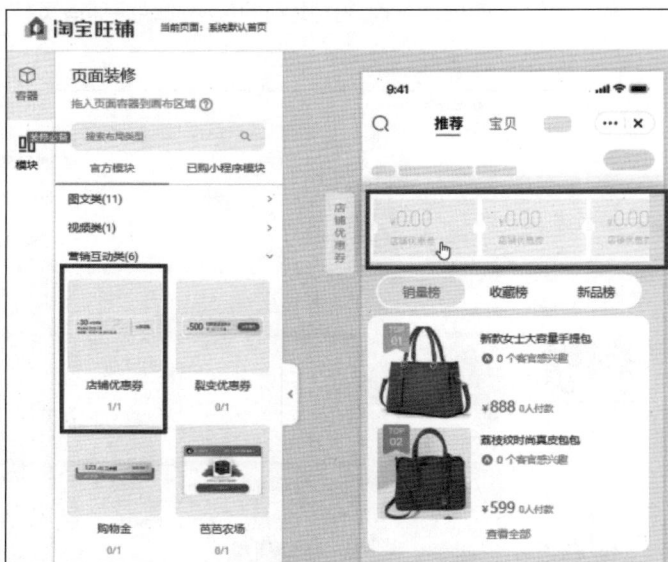

图3-30　将"店铺优惠券"模块拖曳到相应位置

💡 提示与技巧

　　卖家可以在不用充值的前提下，针对网店新客或不同等级的会员发放不同面额的店铺优惠券。买家在该网店购买商品时，可以使用领取的店铺优惠券抵扣现金。需注意的是因为店铺优惠券是由卖家赠送给买家的，所以买家只能在该网店内使用。

（7）在淘宝移动端店铺首页右侧设置模块名称、样式和优惠券数量，如图3-31所示。

图3-31　模块基础内容设置

（8）单击"请选择优惠券"，打开优惠券选择对话框，勾选相应的优惠券，单击"确定"按钮，如图3-32所示。

图3-32　选择店铺优惠券

（9）返回"布局管理"页面，单击"发布"按钮，即可成功设置店铺优惠券，如图3-33所示。

图3-33　单击"发布"按钮

实战演练二：使用智能宝贝推荐添加商品

　　智能宝贝推荐是一种基于大数据和人工智能技术的网店装修模块，它通过分析买家的购物行为、偏好和需求，为每个买家提供个性化的宝贝推荐。它能够提高商品的曝光率，增加买家的点击率和购买率。使用智能宝贝推荐添加商品的具体操作步骤如下。

　　（1）进入"淘宝旺铺"页面，选择"宝贝类"|"智能宝贝推荐"模块。按住鼠标左键不放，将"智能宝贝推荐"模块拖曳到首页相应位置，如图3-34所示。

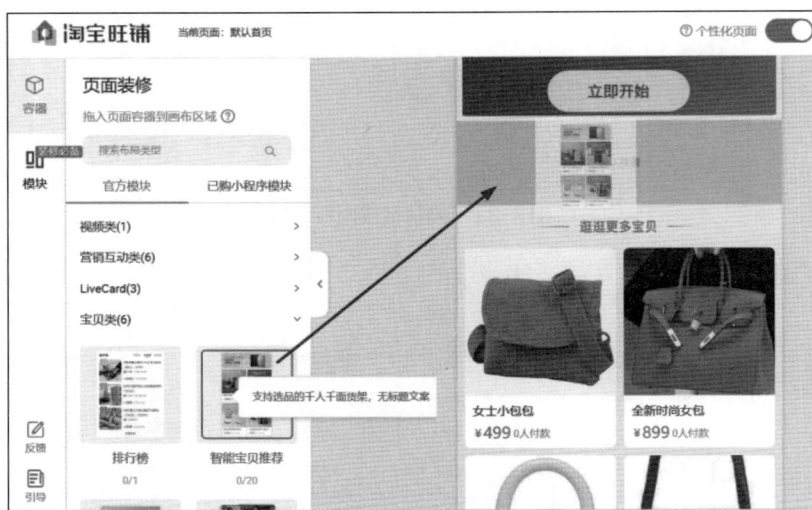

图3-34　将"智能宝贝推荐"模块拖曳到相应位置

　　（2）松开鼠标左键，"智能宝贝推荐"模块添加成功。在右侧的"模块名称"文本框中输入模块名称，选择模块样式，如图3-35所示。

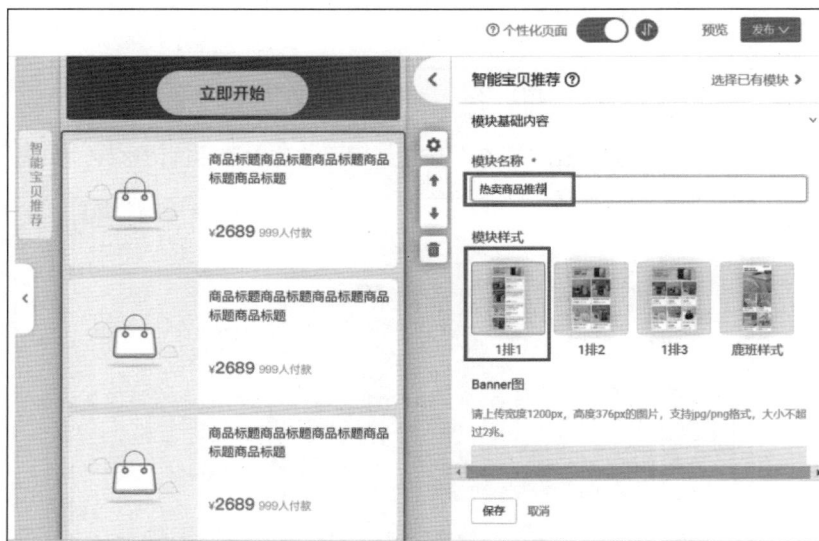

图3-35　输入模块名称，选择模块样式

　　（3）在"智能宝贝推荐"模块中选择"千人千面"，单击"添加商品"，如图3-36所示。

图3-36　选择"千人千面",单击"添加商品"

（4）在打开的页面中选择要添加的商品后,单击"确定"按钮,如图3-37所示。

图3-37　选择要添加的商品

（5）返回店铺装修页面,可以看到添加商品后的效果,然后单击"保存"按钮后单击"发布"按钮即可成功添加商品到智能宝贝推荐,如图3-38所示。

图3-38　添加商品后的效果

课后习题

一、填空题

1. _____是指对网络店铺进行视觉设计和美化，以提升店铺形象和买家购物体验的过程。

2. _____主要用来展示商品的具体信息，让买家对商品的基本属性、销售情况及评价信息有充分的了解。

3. 导航可分为_____和_____，其主要功能是帮助买家快速找到相应的商品。

4. _____是一种基于大数据和人工智能技术的网店装修模块，它通过分析买家的购物行为、偏好和需求，为每个买家提供个性化的宝贝推荐。

二、思考题

1. 网店装修的内容主要有哪些？
2. PC端网店首页装修模块有哪些？
3. 新品详情页的设计思路是什么？
4. 热卖单品详情页的设计思路是什么？

任务实训

熟悉网店装修的基本流程，掌握移动端网店首页和商品详情页的装修方法，通过任务实训将所学知识应用到实践中。

一、实训目标

1. 移动端网店首页的装修。
2. 移动端网店商品详情页的装修。

二、实训步骤

1. 装修之前应该先确定店铺整体风格和色系。
2. 装修移动端网店商品详情页，添加自定义内容区用于展示店内商品的相关信息。
3. 对移动端网店首页进行装修，添加店铺招牌模块、海报模块、促销活动模块、商品分类展示模块等。

第 **4** 章

淘宝网店内容运营

随着电子商务的快速发展，网店的内容运营变得越来越重要，在众多的运营策略中，越来越占据重要的地位。网店的内容运营，即有计划、有策略地创建、发布、更新、维护网店内容，如多品上新、图文搭配、直播预告等，可以展现店铺的专业性，提升买家的信任度，进而促进购买决策。同时，优质的内容也能提高网店的流量，增加店铺的曝光率，促进网店销售。为规范内容运营，淘宝对内容运营渠道进行了整合，使其针对性更强，人群触达效果更明显。

学习目标

知识目标	☑ 熟悉网店内容运营
技能目标	☑ 掌握关注运营的方法 ☑ 掌握内容营销方法 ☑ 掌握淘宝直播推广方法

4.1 关注运营

"关注运营"频道是卖家私域粉丝关系的主要回访阵地，粉丝关注卖家账号后，卖家的直播、权益、活动和内容将更及时、更全面地触达更多粉丝群体。

4.1.1 货品动态发布工具

随着电子商务的快速发展，淘宝网作为中国最大的电商平台之一，对商品发布工具的需求也在不断增长。为了满足这一需求，淘宝网推出了货品动态发布工具，包括多品上新、多品预上新以及清单等功能，帮助卖家更高效地管理商品发布流程。

4-1 货品动态发布工具

下面以多品上新为例进行讲述。多品上新是卖家将自己的新品有效进行推广的一种内容形式，通过多款新品组合内容的发布，可以让粉丝第一时间获取上新商品的相关信息以及折扣信息。使用多品上新工具发布商品的具体操作步骤如下。

（1）登录千牛工作台，选择"内容"|"内容创作"|"关注运营"选项，单击"发布工具"后的"更多"按钮，如图4-1所示。

图4-1 单击"发布工具"后的"更多"按钮

（2）进入全部发布工具页面，可以看到货品动态下面有3个工具，单击"多品上新"下的"立即创作"按钮，如图4-2所示。

图4-2 单击"多品上新"下的"立即创作"按钮

💡 **提示与技巧**

多品预上新是卖家将自己的新品进行商品信息、上新时间的提前预告，可以让粉丝提前知道商品上架时间以及新品的详细信息，以便及时加购。

清单是卖家发布同类主题的商品集合，可以让粉丝更集中地获取商品相关信息以及折扣信息，从而有效提升关联商品的推荐效率。

（3）进入"多品上新"发布页面，单击"添加上新宝贝"按钮，如图4-3所示。

图4-3　单击"添加上新宝贝"按钮

（4）进入商品选择页面，选择要上新的商品，如图4-4所示。

图4-4　选择要上新的商品

（5）进入修改图片页面，选择要修改的图片，上传上新商品图片并选择尺寸，完成后单击"确认"按钮，如图4-5所示。

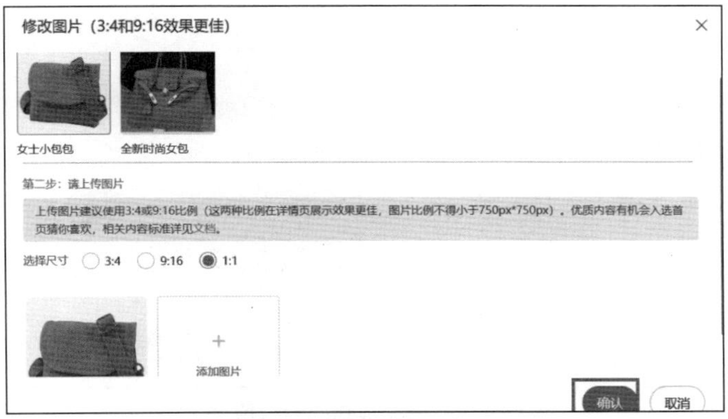

图4-5　修改上新商品图片

（6）返回"多品上新"发布页面，输入标题"新品大促销"，如图4-6所示。

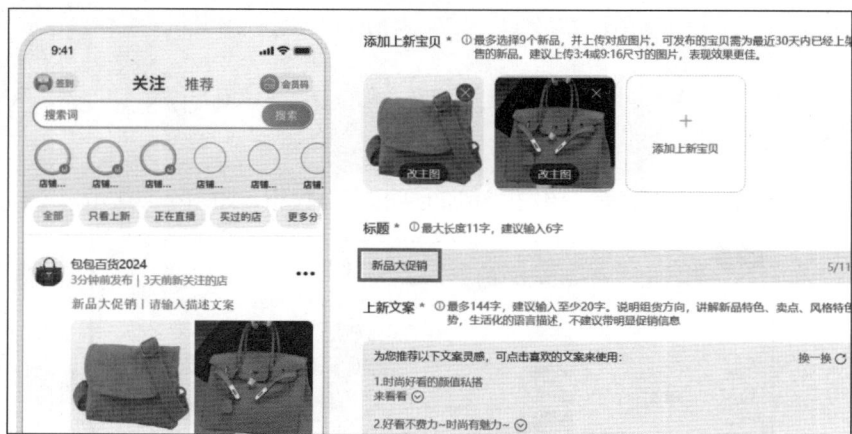

图4-6　输入标题"新品大促销"

（7）接着输入上新文案（文案中主要列举新品特色），添加互动信息，并设置定时发布时间，单击"发布内容"按钮，如图4-7所示。

图4-7　输入上新文案并设置定时发布时间

（8）发布完成后，选择"内容"|"内容管理"|"我的作品"，进入"我的作品"页面，可以看到发布成功的内容信息，如图4-8所示。

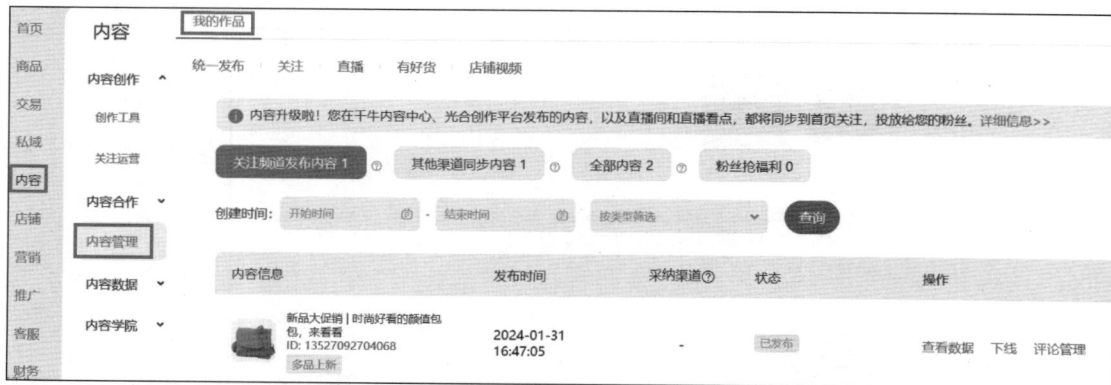

图4-8　发布成功的内容信息

4.1.2　导购内容发布工具

导购内容发布工具包括直播视频预告、买家秀、图文搭配、图文评测和视频搭配等，如图4-9所示。

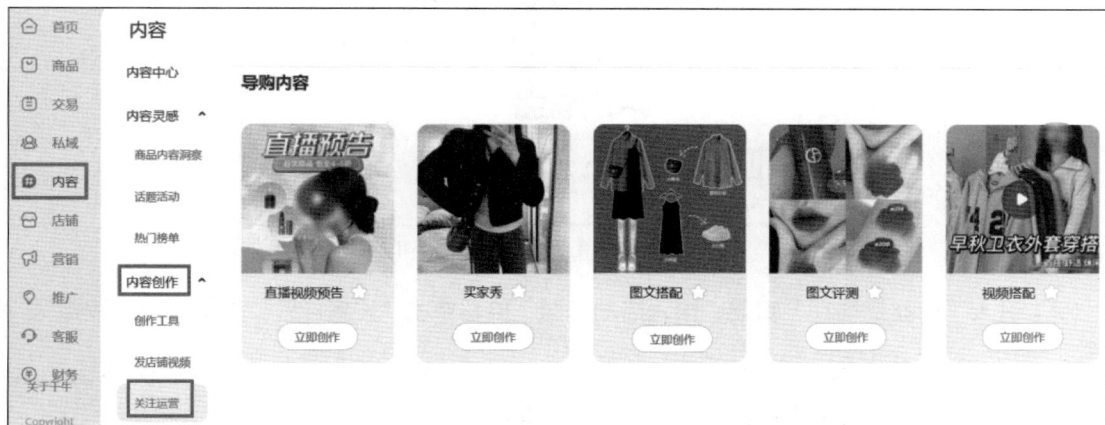

图4-9　导购内容发布工具

（1）直播视频预告，可以通过视频来提前告知粉丝直播时间，进行直播前的预热，也能让粉丝准时进入直播间去观看直播。直播视频预告对吸引新客户和稳定老客户也非常有帮助，因此直播视频预告在直播前非常重要。

（2）买家秀，是卖家将优质买家秀进行二次推广的一种内容形式，通过买家秀内容的发布，可以让粉丝获取第三方视角的商品展示，为粉丝提供更多进行购买决策所需的信息，能够更全面了解商品。

（3）图文搭配，是一种高效导购内容类型，通过短图文真实分享商品搭配方案，帮助粉丝建立货品认知。图文搭配尤其适用于服饰、家装品类网店。

（4）图文评测，也是一种高效导购内容类型，通过短图文真实分享商品评测报告，帮助粉丝建立商品认知。图文评测适用于快消、消费电子类网店。

（5）视频搭配，为粉丝提供了便捷、高效的购物体验。短视频是淘宝内容营销最常见的形式之一，通过真人出镜/实拍/真实场景试用等，能够让粉丝直观感受商品核心卖点，从而节省粉丝下单决策的时间和精力。

> 💡 **提示与技巧**
>
> 关于导购内容发布工具的使用与4.1.1节的"多品上新"发布过程类似，这里就不再详细讲述其操作过程。

4.1.3　互动玩法

互动玩法作为卖家在日常淘宝运营中锦上添花的部分，主要是指粉丝抢福利。粉丝抢福利是指在淘宝网上，卖家为了吸引粉丝参与活动，提供一定的福利或优惠，使粉丝可以通过参与活动来获得一些实际的好处，如设置红包、设置优惠券等。

（1）登录千牛工作台，选择"内容"|"内容创作"|"关注运营"选项，单击"发布工具"后的"更多"按钮，进入全部发布工具页面，可以看到互动玩法下面有个"粉丝抢福利"工具，单击"立即创作"按钮，如图4-10所示。

图4-10　单击"立即创作"按钮

（2）进入"粉丝抢福利"页面，输入活动标题，接着单击"设置红包"下的"选择权益"，如图4-11所示。

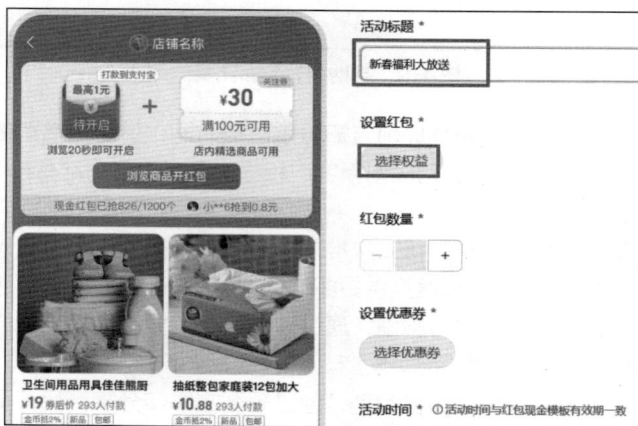

图4-11　单击设置红包下的"选择权益"

（3）进入权益市场"创建采买模板"页面，填写红包相关信息后，单击"确认并支付"按钮，如图4-12所示。

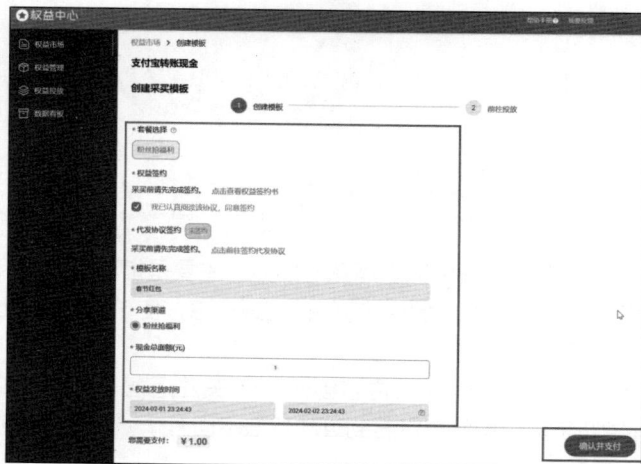

图4-12　填写红包相关信息

（4）进入"选择红包"页面，刷新后选择红包，单击"确定"按钮，如图4-13所示。

图4-13　选择红包

（5）返回"粉丝抢福利"页面，填写红包数量，单击"选择优惠券"，如图4-14所示。

图4-14　填写红包数量，单击"选择优惠券"

（6）进入优惠券创建页面，设置优惠券相关信息，如图4-15所示。

（7）设置完成后，单击"发布内容"按钮即可完成优惠券的发布，如图4-16所示。

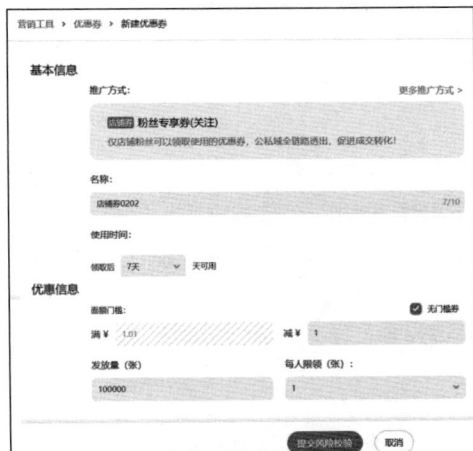

图4-15　设置优惠券相关信息

图4-16　单击"发布内容"按钮

4.2 内容营销

内容营销指的是以图片、文字、短视频等介质通过合理的内容创建、发布及传播，向买家传递卖家有价值的信息，从而实现网店营销的目的。

4-2 内容营销

4.2.1 图文营销

图文作为淘宝网最初的内容展现形式，更容易被卖家用来创建一个专业的导购场景。无论是值得推荐的商品，还是新品、热卖推荐，乃至买家自发的评价，都能够营造沉浸式购物的氛围。图文营销主要涉及商品标题、商品图片、商品详情页3个部分。

1. 商品标题

对于图文内容来说，买家第一眼看到的就是商品标题，因此卖家要做好商品标题的优化。商品标题的优化原则是尽量符合买家的各种搜索习惯，最好是把买家可能会搜索的各种词综合起来。

一个完整的商品标题应该包括3个部分。

第一部分是"商品名称"，这部分要让买家一眼就能够明白这是什么东西。

第二部分是由一些"感官词"组成的，感官词在很大程度上可以增加买家打开商品链接的兴趣。

第三部分是由"优化词"组成的，卖家可以使用与商品相关的优化词来增加商品被搜索到的概率。

例如，"2024夏季新款男士短款鸭绒外套正品羽绒服"这个商品标题，会让买家产生对商品的信赖感。"鸭绒外套""2024夏季新款""正品"这3个词分别是商品名称、感官词、优化词，它能够让潜在买家更容易找到商品。

💡 小提醒

当然，商品标题也不是可以随意写的，必须严格遵守网店平台的规则，不然很容易遭到处罚。例如，商品标题需要和商品本身一致，不能干扰搜索。商品标题中出现的所有文字描述都要客观、真实，不得在商品标题中使用虚假的宣传信息。

📖 知识拓展

商品标题组合方式

一般商品标题主要有下面几种组合方式。

● 品牌、型号+商品名称

● 促销、特性、形容词+商品名称

● 地域特点+品牌+商品名称

● 网店名称+品牌、型号+商品名称

● 品牌、型号+促销、特性、形容词+商品名称

● 网店名称+地域特点+商品名称
● 品牌+促销、特性、形容词+商品名称
● 信用级别、好评率+网店名称+促销、特性、形容词+商品名称

不论商品标题如何变化，"商品名称"这一项是必要的组成部分。因为买家在搜索时，首先会使用的关键词就是商品名称。至于最终选择哪种组合方式，需要我们分析市场、商品竞争激烈程度和目标消费群体的搜索习惯来确定。

2．商品图片

网店中的商品图片一般包括商品主图和商品细节图。

（1）商品主图

商品主图是网店的核心内容。设计出一张具有视觉冲击力和个性的商品主图，不但能让商品在众多竞争者中脱颖而出，而且能为网店获得更多的流量和点击率。因此，商品主图的优化是卖家的必修课程。

想要商品主图吸引人，提升买家的购买欲，首先得保证商品主图清晰。清晰的商品主图，不仅能展现商品的相关信息，还极大地提高了商品的视觉冲击力。而模糊的商品主图会降低买家的体验感和购买欲，甚至让买家觉得此图像是盗用他人的，从而对商品失去信心。图4-17所示为清晰的商品主图。

图4-17　清晰的商品主图

（2）商品细节图

除了要确保商品具有独特性和高性价比，新手卖家还要注重细节图的拍摄，并优化商品细节图，甚至在页面上放置多张细节图，这样才能提升买家的信任度，提高商品的成交率。

所以，为了网店的发展，商品细节图一定不能少。服装类商品需要拍摄的细节部分包括吊牌、拉链、线缝、内标、Logo、领口、袖口以及衣边等，细节图越多，买家看得越清楚，对商品产生的好感及购买的可能性也就越大。图4-18所示为某服装的细节图。

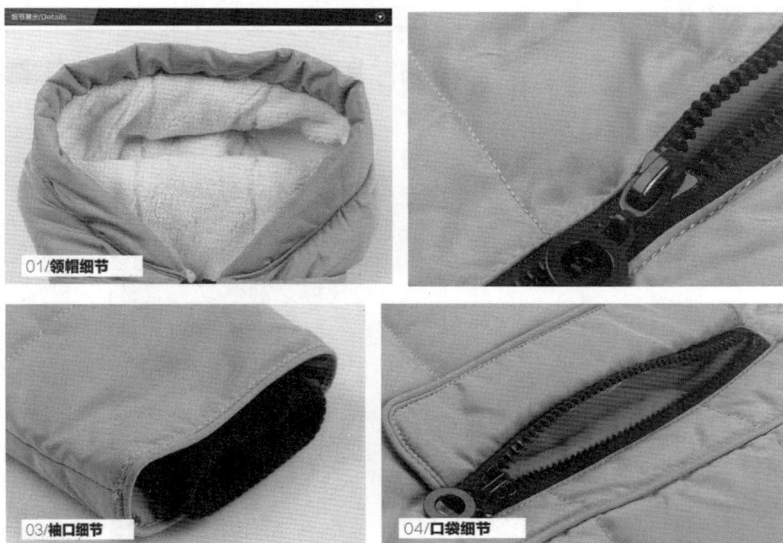

图4-18　某服装的细节图

3．商品详情页

一个网店的商品详情页，除了能告知买家该商品的基本情况，还能通过一些细节展示和文字描述来打消买家的购买疑虑、售后顾虑，从而促成购买。可以说，商品详情页优化的好坏直接影响着网店商品转化率的高低，很多卖家也会花费大量的心思在商品详情页上。

下面是商品详情页的优化方法。

（1）做一个精美的商品介绍模板

网店最好有一个统一的商品详情页模板，商品详情页模板可以自己设计，也可以在平台购买，还可以从网上免费下载。精美的商品详情页模板除了能表达卖家对店铺经营的用心，还可以对商品起到衬托作用，促进商品的销售。图4-19所示为网上销售的商品详情页模板。

（2）设计吸引人的开头，激发买家的兴趣

商品详情页开头的作用是吸引买家的注意，激发他们的兴趣，引导他们继续往下看。卖家在设计商品详情页开头时，应了解买家的需求，找到他们感兴趣的东西，并将其与商品联系在一起。

图4-19　网上销售的商品详情页模板

（3）突出卖点，给买家一个购买的理由

卖家在设计商品详情页时，应挖掘并突出卖点。很多商品卖点是需要挖掘的，每个卖点都可能对买家产生说服作用。商品详情页中列举的商品卖点越多，买家购买的概率就越大。

（4）推动买家购买

当买家已经对商品产生兴趣，但还在犹豫不决的时候，就需要卖家给其一个推动力。例如，可以在商品详情页中设置赠品，并告知赠品活动随时都有可能结束，让其尽快采取行动。

（5）展示商品评价，打消买家疑虑

卖家可将买家好评和聊天记录等放入商品详情页，增加说服力，进一步打消买家的购买疑虑、售后顾虑。

4.2.2　短视频营销

随着互联网的发展，尤其是移动互联网的普及，短视频以其生动、直观、有趣的特点，吸引了大量的用户，尤其在年轻人中，短视频的影响力日益增强。短视频营销已成为各大品牌，包括淘宝卖家，竞相追逐的营销方式。淘宝卖家如果能够巧妙地运用短视频营销，将会获得巨大的商业价值。

通过"短视频+电商"的形式，卖家可以直观地展示商品的特点和使用方法，吸引用户购买。如今的各大短视频平台提供了一种直接链接商品购买页面的功能，用户可以通过链接直接购买商品，如图4-20所示。而且，通过精心制作的短视频，卖家可以将经营理念和商品优势与用户的需求进行匹配，从而大大提高商品的销售转化率。

图4-20　在短视频平台通过链接直接购买商品

1．淘宝短视频类型

淘宝短视频的类型主要有主图类视频、说明导购类视频、品牌宣传类视频、文娱类视频。

（1）主图类视频：打开商品详情页后淘宝将自动在商品主图位置播放主图类视频。这类视频主要展示商品的功能、使用场景、细节等，让买家进一步了解商品。

（2）说明导购类视频：这类视频通常针对某一商品或服务进行详细介绍，包括使用方法、性能、优点等。这类视频可以帮助买家更好地了解商品或服务，提高其购买决策的准确性。

（3）品牌宣传类视频：这类视频主要展示品牌形象和企业文化，通过讲述品牌故事、展示品牌价值观等方式，增强买家对品牌的认同感和忠诚度。

（4）文娱类视频：这类视频通常以娱乐为目的，通过搞笑、有创意、剧情等形式吸引买家。这类视频通常需要较高的创意性和观赏性，以吸引更多的买家浏览。

2．短视频封面

封面作为短视频的"门面"，其重要性不言而喻。一个精心设计的封面不仅能够吸引买家的注意力，还可以提升买家的观看体验，提升品牌传播力，从而使卖家在竞争激烈的短视频营销中取得优势。如果想增加短视频的播放量，卖家就要设计精彩的短视频封面。短视频封面优化要符合以下要求。

（1）有亮点。短视频封面要将短视频内容中的亮点和精华展示出来，使买家能直接了解短视频要表达什么。

（2）与内容领域相关。卖家在为短视频设置封面时，要根据其所属的内容领域选择相应的封面，让封面与短视频内容保持一致，具有相关性。如果买家点击观看短视频，发现内容与封面并不相关，可能会产生厌恶心理，甚至会取消关注。

（3）符合平台要求。卖家应确保封面符合各短视频平台的要求，避免出现违规或违禁内容。抓住各个短视频平台的特点，设置符合该平台风格的封面，这样更容易获得该平台买家的认可，从而增加短视频的播放量。

（4）封面视觉效果好。卖家应选择高质量的封面图，避免使用低质量的图。

4.3　淘宝直播推广

淘宝直播给卖家带来了新的销售渠道，并且推动了直播"带货"这一全新卖货方式的普及，很多卖家纷纷开始入驻淘宝直播。

4.3.1　淘宝直播的特点

随着卖家、主播、用户全方位地接触淘宝直播，直播电商内外部的发展条件逐渐成熟，淘宝直播将推动直播电商经济持续增长。开通淘宝直播之后，大多数店铺的流量和转化率都有明显提高。

淘宝直播具有以下特点。

（1）电商产业链完善，规模巨大。淘宝直播直接或间接地服务了超过300万个卖家，其中诞生了近3000个交易额近1亿元的直播间，市场上90%的新品牌都已在淘宝直播开播。

（2）对主播扶持力度大。淘宝直播在选品、流量、内容、运营等方面推出多项政策，助力主播成长。有实力的新手主播会很快被看到，并且能够得到平台的支持，在短时间内实现"弯道超车"。

（3）广受用户信任。淘宝直播拥有电商基因，淘宝已经在用户和卖家之间有了很高的知名度和信任度。与其他直播平台相比，用户更愿意相信运营时间较久、有一定规模的淘宝直播。基于主播的个人魅力和平台的实力，用户购买决策的时间将大大缩短，甚至购买频次也会大大增加。

（4）货源充足。淘宝直播能为机构和主播提供品质与性价比高的商品，同时降低用户的购买决策成本。主播不需要自己寻找货源，这给很多缺少资金的主播带来了机会。

4.3.2 淘宝直播的类型

在做淘宝直播前，卖家要了解淘宝直播的类型。淘宝直播通常分为达人直播、淘宝全球购买手直播、淘宝店铺直播、天猫卖家直播。

1. 达人直播

达人直播是指具有一定影响力和专业技能的人，通过直播平台进行的直播活动。达人直播是目前淘宝直播的主力军，达人直播适合有粉丝基础的人。达人直播的主播既能销售自己的商品，又能为企业和品牌"带货"推广。

达人直播的流量是很大的，而且可以在多个类目下浮现，商品销量也很高，同时还有淘宝平台支持的活动，优势是比较明显的。

达人直播尤其适合没有直接货源的主播他们只需和卖家做好对接，即可在直播间内卖货。卖家也可以寻找合适的主播帮自己卖货，但需要支付服务费和佣金。

2. 淘宝全球购买手直播

淘宝全球购买手是指到全世界各地不同商场购物的买手，由这些买手开通的直播叫淘宝全球购买手直播。淘宝全球购买手直播适合有境外货源，想做代购直播的买手。淘宝全球购买手直播目前要求代购的买手有淘宝店铺，并且确保店铺没有严重违规行为、虚假交易行为，店铺状态正常且稳定运营。

3. 淘宝店铺直播

淘宝店铺直播适合中小卖家。店铺要符合直播的准入要求才能申请直播。卖家开通直播主要是为了维护老客户，提升老客户的复购率，同时解决售后问题，拉近和新老客户的距离。淘宝店铺直播每个阶段的申请标准都不太一样，官方经常改变规则和门槛、审核通过时间等，并要求卖家有一定的粉丝基础。

4. 天猫卖家直播

天猫卖家直播更适合企业/品牌卖家，需要卖家有强大的运营团队，不限店铺类型，主要考核店铺条件、动态评分、老客户数量、粉丝活跃度等。卖家对直播内容有很强的掌控力，可以持续直播，成本相对可控。开通天猫卖家直播有助于卖家与买家建立长期关系，实现稳定、长效的运营。天猫卖家直播的主播往往对品牌的商品更加熟悉，在直播讲解、临场反应、节奏把控上都比较熟练，不容易出错；买家多是品牌的粉丝，他们对品牌有一定的忠诚度，比较关注品牌的动态。

4.3.3 淘宝直播推广的流程

本节介绍淘宝直播推广的常见流程，包括开通淘宝直播、添加直播商品和为商品设置直播讲解。

1. 开通淘宝直播

淘宝卖家可以下载淘宝主播App，开通淘宝直播权限。具体操作方法如下。

（1）在手机上下载并登录淘宝主播App，进入首页，点击"立即入驻，即可开启直播"按钮，如图4-21所示。

（2）在打开的界面中点击"去认证"按钮，如图4-22所示。

（3）打开"实人认证服务"界面，勾选"我已同意 实人认证服务通用规则"，点击"开始认证"按钮，如图4-23所示。

图4-21 点击"立即入驻，即可开启直播"

图4-22 点击"去认证"

图4-23 点击"开始认证"

（4）通过人脸识别进行实人认证，选中"同意以下协议"，点击"完成"按钮，如图4-24所示。

（5）主播入驻成功，如图4-25所示。开通直播权限后即可进行淘宝直播。

图4-24 完成实人认证

图4-25 主播入驻成功

2. 添加直播商品

下面介绍如何在淘宝直播间添加直播商品，具体操作步骤如下。

（1）打开PC端淘宝直播中控台，单击"创建直播"按钮，如图4-26所示。

图4-26　单击"创建直播"按钮

（2）在打开的"创建直播"页面中，单击"添加宝贝"，如图4-27所示。

图4-27　单击"添加宝贝"

（3）在打开的页面中选择要添加的商品，单击"下一步"按钮，如图4-28所示。

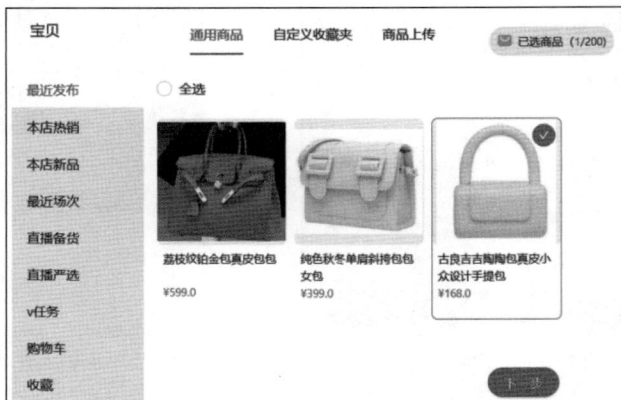

图4-28　选择商品

（4）在打开的页面中编辑商品利益点①，如图4-29所示。

_____

① 商品利益点是指商品能为买家带来的具体好处和价值，它直接关系到买家的购买决策。

图4-29　编辑商品利益点

（5）单击"确定"按钮，返回"创建直播"页面，在"直播宝贝"下勾选"开播自动把待直播商品同步至直播间"，如图4-30所示，即可在直播间成功添加商品。

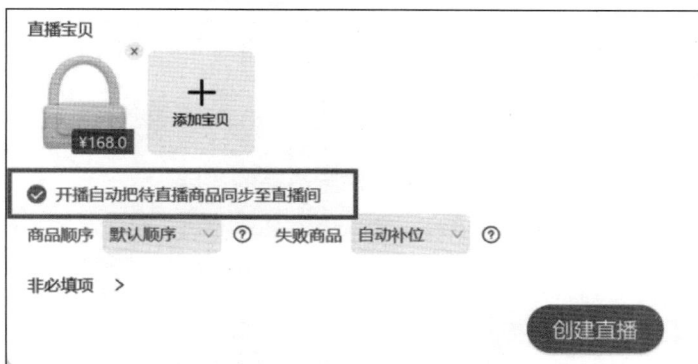

图4-30　勾选"开播自动把待直播商品同步至直播间"

3. 为商品设置直播讲解

直播讲解功能被誉为淘宝直播公域流量利器。使用直播讲解功能的直播间，所对应的"直播讲解"将会被淘宝直播个性化投放到频道页的所见即所得、淘宝主搜、猜你喜欢等模块，获得更多的公域曝光机会，用户点击相应模块后，可直接进入直播间。

为商品设置直播讲解的具体操作步骤如下。

（1）打开淘宝主播App，确保当前的直播间状态是开播中，在"宝贝口袋"中点击对应商品的"开始讲解"按钮，如图4-31所示。

图4-31　点击"开始讲解"按钮

（2）开始录制直播讲解，直播讲解录制中的状态如图4-32所示。

（3）讲解结束后，点击"结束讲解"按钮，直播讲解录制成功，录制成功的显示界面如图4-33所示。

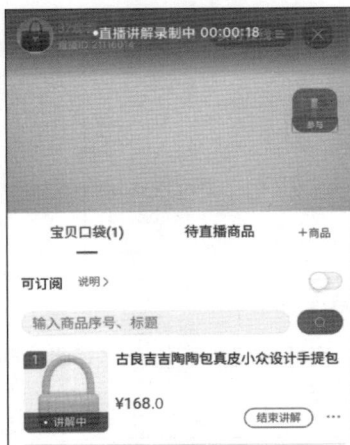

图4-32　直播讲解录制中的状态

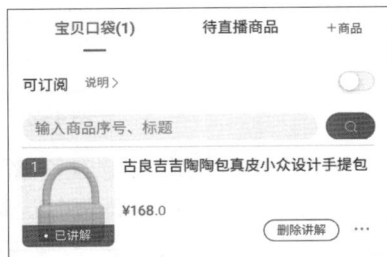

图4-33　直播讲解录制成功

案例分析

直播"带货"珠宝热销的背后

自从直播行业兴起之后，不少行业的销售从线下转到线上。珠宝直播从上线的第一天开始，观看的人就非常多。喜欢淘宝珠宝直播的朋友们，可能经常刷到李明华的珠宝直播间，他的直播间单场直播销售额曾经超过2亿元。

踏入淘宝直播领域之前，李明华就已经在珠宝行业耕耘近10年，对珠宝行业有很透彻的认识。2020年，李明华开始接触淘宝直播，通过向主播供货来销售珠宝。

李明华在供货一段时间之后，就发现了部分主播直播的弊端。所以，2021年，李明华开始转型，自己拍摄珠宝讲解视频，从珠宝材质、工艺、装饰讲到如何正确购买珠宝，为自己的账号积累原始粉丝。有了一定的粉丝量之后，李明华开始直播讲解珠宝，一开始直播时也没人看，更没人下单。但当有了专业的数据分析和运营人员加入之后，直播销售额开始有所提升。此后，李明华珠宝直播越播越好，备受业内人士关注。

李明华珠宝直播间的成功，离不开李明华本人过硬的"带货"能力、优质的供应链资源，以及专业运营团队的加持。其无论是在短视频内容创作环节，还是直播间促销、直播后数据分析环节，都实现了高效运转。

根据以上材料，分析以下问题。

（1）直播中的数据分析有哪些作用？

（2）李明华珠宝"带货"成功的原因有哪些？

实战演练

实战演练一：发布直播预告

卖家在进行直播前，一般会通过短视频发布直播预告，不仅是为了告诉用户直播的时间，还可以预告一些直播内容，以吸引感兴趣的用户安排时间来观看，同时便于系统选择优质直播内容进行推广及扶持操作。卖家通过淘宝主播App发布直播预告的具体操作步骤如下。

（1）打开淘宝主播App并登录淘宝账号，点击"淘宝直播"按钮，如图4-34所示。

（2）进入开直播界面，点击"发预告"按钮，如图4-35所示。

图4-34　点击"淘宝直播"按钮

图4-35　点击"发预告"按钮

（3）在打开的界面中添加封面、预告短视频，设置直播标题、直播时间、内容介绍等信息，如图4-36所示。

（4）选择"频道栏目"选项，在打开的界面中选择直播中要售卖的商品所属的频道栏目，如图4-37所示。

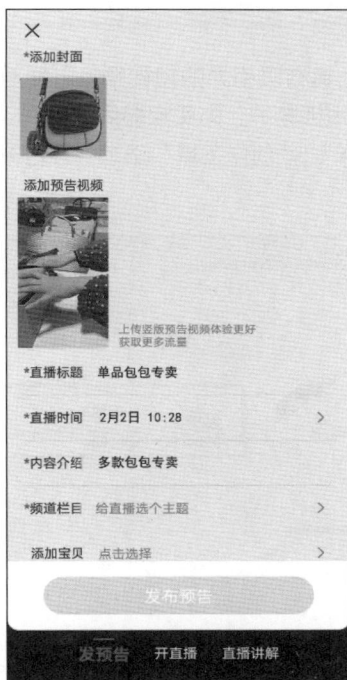

图4-36　设置直播信息

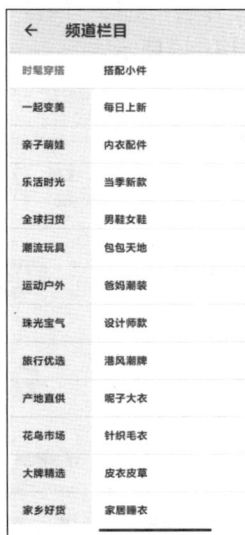

图4-37　选择频道栏目

（5）选择"添加宝贝"选项，如图4-38所示。

（6）在打开的界面中选择直播中要售卖的商品，如图4-39所示。

（7）添加成功后，点击"发布预告"按钮，如图4-40所示。

图4-38　选择"添加宝贝"选项　　　　图4-39　选择商品　　　　图4-40　点击"发布预告"按钮

实战演练二：一键成片

一键成片是指通过一键操作，将店铺商品转化为具有吸引力的短视频，以便更好地展示商品特点和吸引潜在用户。它可以帮助卖家快速生成高质量的短视频等，为买家提供更直观、便捷的购物体验。

（1）登录千牛工作台，选择"内容"|"内容创作"|"创作工具"选项，在打开的页面中单击"一键成片"图标，如图4-41所示。

图4-41　单击"一键成片"图标

（2）进入"一键成片"页面，单击"空间上传"按钮，在弹出的菜单中选择"图片空间"，如图4-42所示。

图4-42　选择"图片空间"

（3）弹出"选择图片"对话框，从中选择商品图片，然后单击"确定"按钮，如图4-43所示。

图4-43　选择图片

（4）返回"一键成片"页面，可以看到添加的商品图片，单击"智能成片"按钮，如图4-44所示。

图4-44　单击"智能成片"按钮

（5）此时可以看到生成的模板，选择其中一个模板，单击底部的"发布"按钮，如图4-45所示。

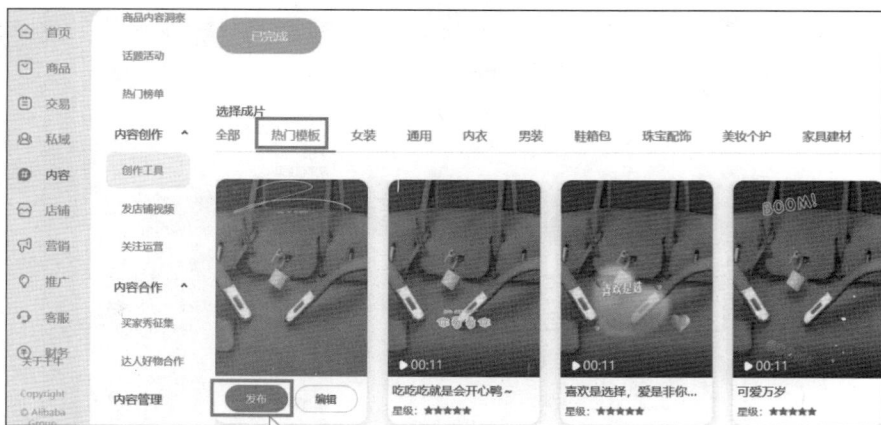

图4-45　选择其中一个模板

（6）进入"统一视频发布"页面，设置视频发布相关信息，然后单击"发布内容"按钮，如图4-46所示。

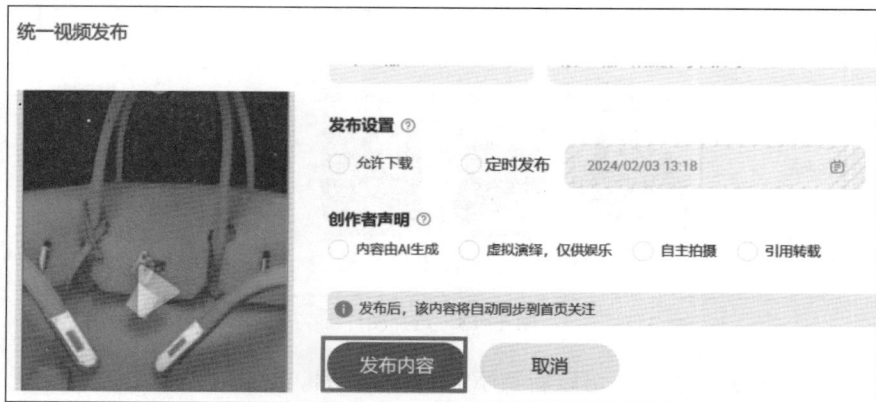

图4-46　单击"发布内容"按钮

（7）视频发布后如图4-47所示。

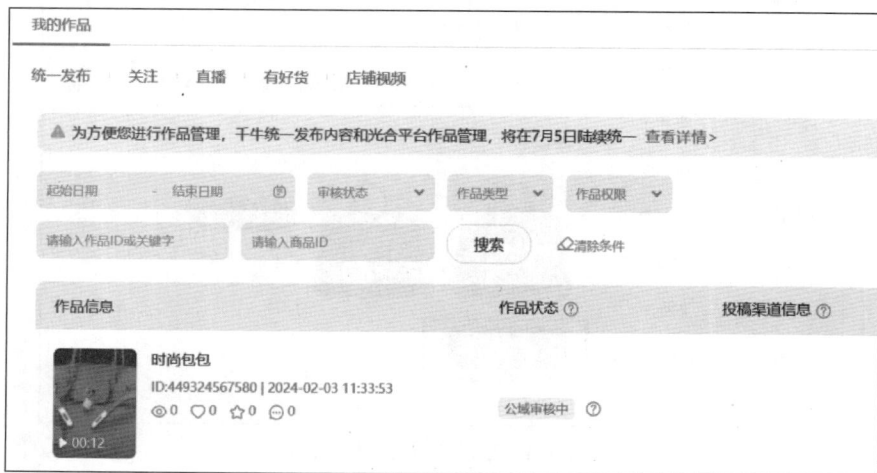

图4-47　视频发布后

课后习题

一、填空题

1. ＿＿＿＿＿＿＿＿＿＿是卖家私域粉丝关系的主要回访阵地。
2. 网店中商品图片一般包括＿＿＿＿＿＿＿＿＿＿和＿＿＿＿＿＿＿＿＿＿。
3. ＿＿＿＿＿＿＿＿＿＿可以通过短视频来提前告知粉丝直播时间，进行直播前的预热。
4. ＿＿＿＿＿＿＿＿＿＿是一种高效导购内容类型，通过短图文真实分享商品评测报告，帮助粉丝建立货品认知。

二、思考题

1. 导购内容发布工具有哪些？
2. 商品标题主要有哪些组合方式？
3. 常见的淘宝短视频类型有哪些？
4. 常见的淘宝直播的类型有哪些？

任务实训

为积累淘宝直播的实操经验，我们将进行下述实训。

一、实训目标

1. 熟悉淘宝直播平台特点。
2. 掌握通过淘宝直播平台进行直播带货的具体操作。
3. 掌握在淘宝直播平台上开启直播的主要流程。

二、实训步骤

选择淘宝直播平台，完成开通直播、选品、添加商品、为商品设置直播讲解、发布直播预告等操作。

1. 申请开通淘宝直播，完成实名认证，等待审核通过。
2. 选择合适的商品，将选好的商品添加至直播间列表。
3. 为商品设置直播讲解，为每件商品撰写详细介绍，包括品牌、型号、特点、用途等。
4. 发布直播预告，在店铺首页或直播间发布直播预告，注明时间、主题、内容等信息。

第**5**章

淘宝网店营销活动

近年来，虽然网上商店的数量与日俱增，但许多网店由于缺乏经营意识，只是"昙花一现"。网上商店同传统的商店一样都需要精心打理，因此，卖家制定既适合网店又适合网络环境的营销活动就显得十分必要。本章主要讲述网店营销活动基础知识、淘宝网店营销工具、淘宝网店营销场景。

学习目标

知识目标	☑ 熟悉网店营销的概念
	☑ 熟悉网店营销的最佳时机
技能目标	☑ 掌握不同网店营销工具的使用方法
	☑ 掌握不同网店营销场景的营销方法

5.1　网店营销活动基础知识

对于网店来说，营销的目标就是让买家了解店铺，并愿意购买店铺的商品。本节主要介绍网店营销活动基础知识，包括网店营销的概念和作用、网店营销的最佳时机。

5.1.1　网店营销的概念和作用

网店营销就是卖家向买家传递有关网店及其商品的各种信息，吸引或说服买家购买其商品，以达到提高商品销售量的目的。营销实质上是一种沟通活动，即卖家将刺激消费的各种信息传递给一个或更多的买家，以影响其购买态度和行为的过程。

那么网店营销到底能给网店带来哪些好处呢？

① 可以激励买家的第一次购买行为。买家首次进入一家网店购买商品时，心中一定存在很多疑虑，营销活动执行得到位则可以调动买家的购买热情，让买家消除疑虑而选择购买。

② 可以让以前购买过的买家再次光顾。在商品质量没有问题的基础上，已经购买过的买家再次到访时对该网店的疑虑是比较少的，但是买家的消费需求是有周期性的，策划一场成功的营销活动可以让买家坚定再次购买的信心，从而缩短买家的消费周期。

③ 可以帮助卖家用最短的时间抢占市场份额。任何一场营销活动都是以提高销售量或者销售额作为最终目的的，好的营销活动可以带来更多的流量，即更多的买家，也可以提高买家的平均购买金额。当有新品上架时，卖家也可以利用营销活动快速打开市场。

④ 可以帮助卖家更好地执行"加一销售法"。"加一销售法"的目的和营销活动的目的其实是一致的，就是想办法让买家进行首次购买并且尽量让其多买一些，营销活动的执行可以提升"加一销售法"的效果。

5.1.2　网店营销的最佳时机

网店营销虽好，但不能什么时候都用，如果全部商品都在搞营销，这样的营销也就没有什么意义了。一般来说，网店营销的最佳时机如下几个。

1. 节日营销

逢节日营销是现在很多卖家惯用的手法。劳动节、国庆节、元旦、春节等大节日给卖家带来了营销的理由。图5-1所示为节日营销示例。

当然，节日营销也要结合自身的商品实情及买家的特征来进行。例如，卖女装的网店，在父亲节搞营销显然不合适。

2. 新品营销

新品营销可以作为网店长期的营销活动，因为一个用心经营的网店总是会源源不断地推出新品的。新品营销既能加快新品卖出的速度，也能提高老客户的

图5-1　节日营销

关注度，从而提高他们的忠诚度。

3. 季节性商品的营销时机

季节性强的商品的销售存在明显的淡季、旺季之分。

在旺季开始前期，卖家需要对市场进行一定的告知性营销，以预热市场，目的是使商品能够顺畅地流入市场，为商品在旺季的销售奠定基础。例如，冬季为棉鞋的销售旺季，卖家在此时营销棉鞋就是很好的时机。冬季棉鞋营销示例如图5-2所示。

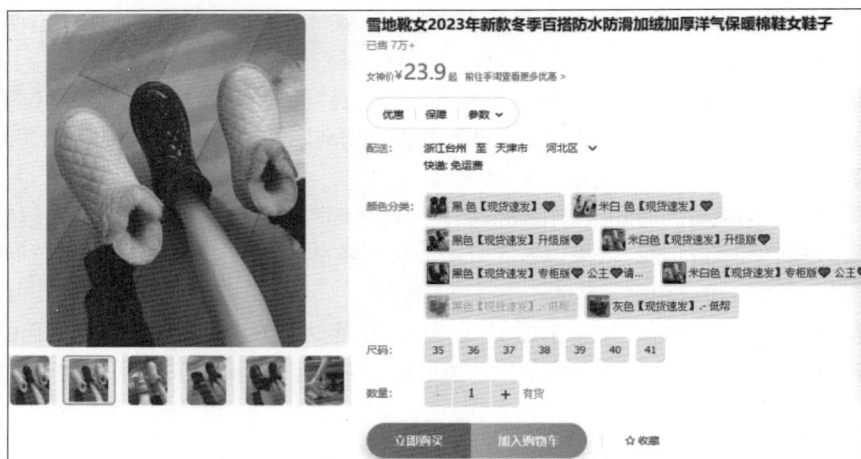

图5-2　冬季棉鞋营销

在商品销售旺季正式到来时，卖家在进行主打商品营销的同时，还可以利用低价策略营销其他商品。销售旺季结束之后，主打商品的销售量开始下降，此时卖家应加快营销，尽可能地消化库存。

在销售淡季开展营销活动依然必要，这样做不是为了提高销量，而是希望在下一年获得买家更大的支持。

4. 店庆

在竞争激烈的市场中，店庆是店铺提高知名度、增强买家黏性和拉动销售增长的重要营销时机。这时卖家不仅可以做比较大型的营销活动，还可以向买家展示店铺历史，使其产生信任感。

5. 换季清货

一些季节性强的商品，换季营销时活动力度一般都会比较大，而买家显然也很乐于接受换季清仓这类活动。

种促销方式。

1．赠品促销

赠品促销是指卖家以"赠品"的形式向买家提供优惠，以吸引其购买。赠品促销是常用的促销方式，它把商品作为礼物赠送给买家，给予买家非价格优惠。

2．打折促销

价格往往是买家选购商品时的主要决定因素之一，特别是对于那些品牌知名度高的商品。打折促销即直接让利于买家，可以让买家非常直接地感受到实惠，因此折扣促销是目前常用的一种阶段性促销方式，也是一种对买家冲击力大的促销方式。打折促销的效果也很明显，卖家可以通过这种促销方式处理临期商品，减少库存量，加速资金回笼等。

5.2　淘宝网店营销工具

为了让网店销售达到预期效果，卖家在引流推广和店铺活动环节都要适当地加大营销力度，主要可通过送优惠券、搭配销售等形式来实现，卖家举办这些营销活动均需要网店营销工具的支持。

5.2.1　网店营销工具概述

网店营销工具是指网店在运营过程中从事营销活动所使用的工具，能极大地帮助卖家提高销售量、开拓销售渠道、推广商品品牌，是每个卖家推广网店的首选工具。

> **提示与技巧**
>
> 由于营销工具既能体现一定的优惠力度，又有一定的时效限制，因此将这些营销工具与推广活动搭配起来使用，能起到促进买家购买、提高店铺转化率、提高客单价、促进关联消费、提升店铺业绩的作用。

下面以淘宝平台营销工具为例进行介绍。淘宝平台为卖家提供的营销工具主要有优惠券、裂变优惠券、单品宝、店铺宝、搭配宝、赠品等，在千牛工作台单击"营销"|"营销管理"|"营销工具"选项，在打开的"工具列表"中可以看到这些营销工具，如图5-3所示。

图5-3　营销工具

除了官方配套的营销工具，在淘宝服务市场还有第三方提供的各种各样的营销工具，如图5-4所示。这些工具同样可以帮助卖家实现打折促销、首件优惠等诸多功能，满足多种场景的使用需求。

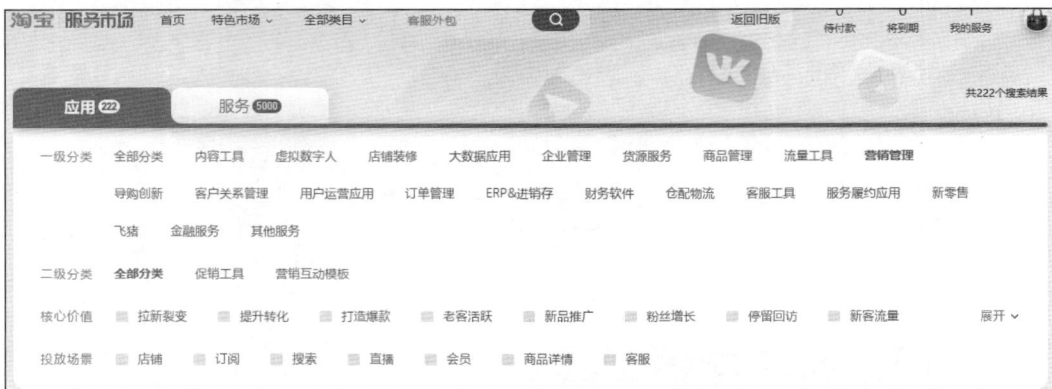

图5-4　淘宝服务市场

5.2.2　单品宝

单品宝是针对店铺某个商品灵活设置打折、减钱、促销价的工具，是原来限时打折工具的升级版。订购了此工具的卖家可以在网店中选择一定数量的商品，在一定时间内以低于日常价的价格进行促销活动。设置单品宝优惠后，PC端和移动端搜索页均会显示该商品的折后价格。图5-5所示为单品宝活动价格。

5-1　单品宝

图5-5　单品宝活动价格

设置单品宝的具体操作步骤如下。

（1）在千牛工作台单击"营销"｜"营销管理"｜"营销工具"选项，在打开的"工具列表"中单击"单品宝"下面的"立即创建"，如图5-6所示。

（2）打开单品宝设置页面，根据提示可以设置活动的详细信息，在"活动标签"中选中"日常活动"或者"官方活动"（"日常活动"不能自定义，只能选择已有的标签，"官方活动"针对特定人群进行单品优惠）。设置完成后单击"保存并继续"按钮，如图5-7所示。

图5-6　创建单品宝

图5-7　单品宝设置页面

（3）在打开的页面中，选择活动商品后单击"下一步"按钮，如图5-8所示，一个商品只能参加一个单品宝活动，已经设置了单品宝活动的商品无法被选择。

图5-8　选择活动商品

（4）在打开的页面中设置商品折扣优惠，然后单击"保存"按钮即可。页面中的"每人限购"用于设置享受优惠的数量，超过限购数量时需按原价购买，如图5-9所示。

图5-9　设置商品折扣优惠

5.2.3　店铺宝

店铺宝为店铺优惠工具，它支持卖家创建部分商品或全店商品的满件打折、满元减钱、满件减钱等营销活动，是提高客单价的利器。图5-10所示为店铺宝满减活动。

图5-10　店铺宝满减活动

创建店铺宝的具体操作步骤如下。

（1）在千牛工作台单击"营销"|"营销管理"|"营销工具"选项，在打开的"工具列表"中单击"店铺宝"下面的"立即创建"，如图5-11所示。

（2）打开店铺宝设置页面，根据提示一步步设置。设置优惠条件时，可支持满件打折、满元减钱、满件减钱，若需要多级优惠，可单击"增加一级优惠"按钮，最多支持5级优惠，优惠力度需逐级加大，如图5-12所示。

图5-11　创建店铺宝

图5-12　设置店铺宝

5.2.4　优惠券

优惠券是一种虚拟的电子券，卖家可以在不充值现金的前提下，针对新客户或者不同等级会员发放不同面额的优惠券。优惠券是一种常见的营销推广工具，其作

5-2　优惠券

用是卖家让利给买家，刺激买家在浏览过程中下单，提高下单率，从而提升店铺的交易额。优惠券包括店铺券、商品满减券两种类型，如图5-13所示。

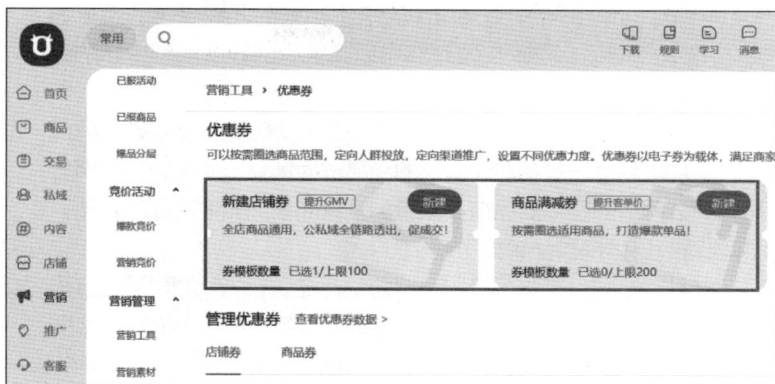

图5-13　优惠券

（1）店铺券。店铺券为全店商品通用，即买家购买店内任一商品均可凭券抵扣现金。

（2）商品满减券。商品满减券为定向优惠券。买家只有购买特定商品才可凭券抵扣现金。

创建优惠券的具体操作步骤如下。

（1）在千牛工作台单击"营销"|"营销管理"|"营销工具"选项，在打开的"工具列表"中单击"优惠券"，如图5-14所示。

（2）进入"优惠券"页面，单击"新建店铺券"后的"新建"按钮，进入"新建优惠券"页面，设置店铺优惠券信息，包括推广方式、名称、使用时间、面额门槛等，如图5-15所示。

图5-14　单击"优惠券"

图5-15　设置店铺优惠券信息

5.3　淘宝网店营销场景

越来越多的网店卖家正在通过各种营销场景来吸引买家的关注。下面介绍4种常见的淘宝网店营销场景，包括聚划算、淘金币、天天特卖和淘宝好价。

5.3.1 聚划算

聚划算成立于2010年，如今已经成为淘宝（天猫）买家的团购平台。卖家通过聚划算推广网店、打造人气商品，买家在聚划算可以花很少的钱就淘到中意的商品，聚划算实现了卖家和买家的双赢。

卖家参加聚划算能迅速提高网店流量，其单品销售量比没有参加聚划算的单品高出几倍甚至上千倍。参加聚划算一般都能让卖家的商品成为爆款。此外，参加聚划算还能使网店快速曝光，让网店的更多商品被买家看到，进而增加其他商品的销量。

5-3　聚划算

卖家报名参加聚划算的具体操作步骤如下。

（1）登录千牛工作台，单击左侧的"营销"|"营销活动"|"活动报名"选项，如图5-16所示。

（2）在打开的页面中，选中"可报活动"选项卡，单击"营销场景"中的"聚划算"，如图5-17所示。

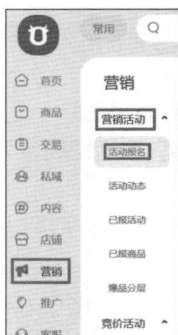

图5-16　单击"活动报名"

图5-17　单击"聚划算"

（3）打开图5-18所示的聚划算报名页面，卖家可以根据自己的需要选择相应的类目，单击"快速报名"即可报名；也可以在下面的"活动报名"处，选择自己所需的类目来进行报名，如果不符合所报名的类目，则显示"不可报"，此时可单击"查看原因"查看"店铺要求"。

图5-18　聚划算报名页面

5.3.2　淘金币

　　淘金币是淘宝平台为淘宝卖家量身打造的网店营销工具，卖家可以通过淘金币账户赚金币，给买家发淘金币，打造网店专属的自运营体系，提高买家黏性与成交转化率。下面以全店金币抵扣工具为例讲述淘金币的具体使用方法。

　　（1）登录千牛工作台，单击左侧的"营销"|"营销场景"|"淘金币"选项，如图5-19所示。

　　（2）进入"淘金币卖家服务中心"，单击"金币工具推荐"下面的"全店金币抵扣"中的"去看看"按钮，如图5-20所示。

图5-19　单击"淘金币"按钮

图5-20　单击"去看看"按钮

　　（3）在打开的页面中进行相关设置（本例后面的相关设置都在同一个页面中进行）。在"第一步：开通淘金币抵扣（必选）"下设置抵扣比例，如图5-21所示。

　　（4）在"第二步：选择你需要的推广玩法（可多选）"下选择需要的推广玩法，如图5-22所示。

图5-21　设置抵扣比例

图5-22　选择需要的推广玩法

　　（5）在"营销推广"下设置营销推广信息，如图5-23所示。

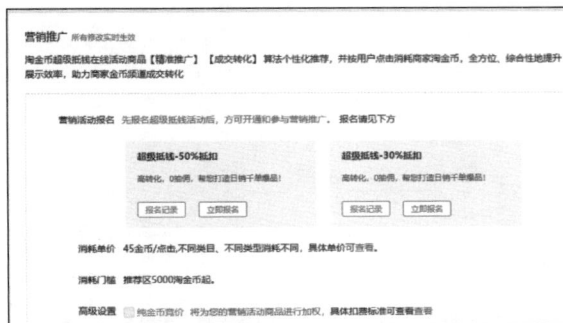

图5-23　设置营销推广信息

（6）在"淘金币店铺粉丝运营"下设置粉丝运营信息，如图5-24所示。

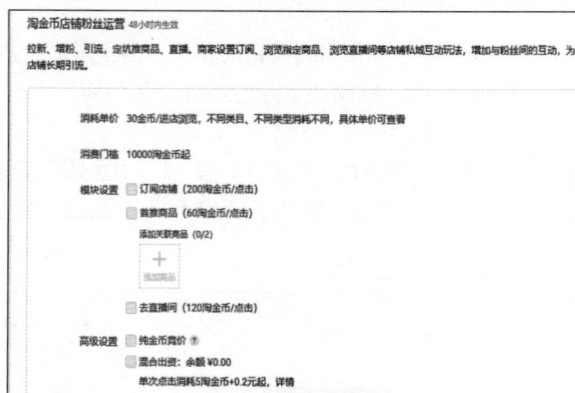

图5-24　设置粉丝运营信息

（7）在"直播间亲密度兑淘金币"下设置相关信息，如图5-25所示。

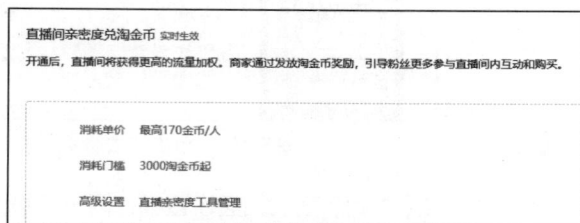

图5-25　设置直播间亲密度兑淘金币相关信息

5.3.3　天天特卖

天天特卖致力于打造一个汇聚高性价比和优质商品的营销平台，通过多种形式的折扣设置为买家提供真正实惠的商品。天天特卖携手广大卖家，为买家提供更具性价比的商品和更便捷安心的购买体验。参加天天特卖的活动商品可在天天特卖频道、搜索便宜好货、猜你喜欢、淘金币、站外投放渠道享受流量扶持。

卖家报名参加天天特卖的具体操作步骤如下。

登录千牛工作台，单击左侧的"营销"|"营销场景"|"天天特卖"选项，在打开的页面中选择自己想要报名的活动类型，单击"立即报名"按钮即可，如图5-26所示。

图5-26　报名天天特卖活动

天天特卖会根据卖家情况提示卖家是否符合报名要求、需要缴纳的相应活动费用，要求卖家提交活动价格及商品数量、商品信息（商品标题、短标题、商品主图、商品透明图、商品利益点）等。天天特卖与聚划算的不同之处主要在于对图片的要求，天天特卖要求商品图片清晰、主题明确且美观、不拉伸变形、不拼接、无水印、无Logo、无文字信息，支持JPG、JPEG、PNG格式。

5.3.4　淘宝好价

淘宝好价的核心目标是满足那些寻求高性价比商品的买家的需求，为买家提供全品类、丰富的商品，同时帮助所有愿意在淘宝经营、提供好货好价格的卖家成长。淘宝好价是一项备受瞩目的促销活动，通过报名参与此活动，卖家有机会展示自己的优质商品并吸引更多买家。

卖家报名参加淘宝好价的具体操作步骤如下。

（1）登录千牛工作台，单击左侧的"营销"|"营销场景"|"淘宝好价"选项，如图5-27所示。

（2）进入淘宝好价页面，选择其中的一个活动，单击"立即报名"按钮，如图5-28所示。

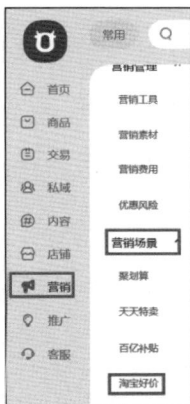

图5-27　选择"淘宝好价"　　　　　　　图5-28　　单击"立即报名"按钮

（3）进入计划列表页面，选择要报名的商品，如图5-29所示。

图5-29　选择要报名的商品

（4）选中某件商品后，单击其后的"去报名"，进入报名活动页面，进行基础信息设置，设置完成后单击"提交并下一步"按钮，如图5-30所示。

图5-30　基础信息设置

（5）进入"商品信息设置"页面，设置相关信息，设置完成后单击"提交并下一步"按钮，如图5-31所示。

图5-31　商品信息设置

（6）进入"商品素材设置"页面，设置商品素材信息，设置完成后单击"提交"按钮，即可完成报名，如图5-32所示。

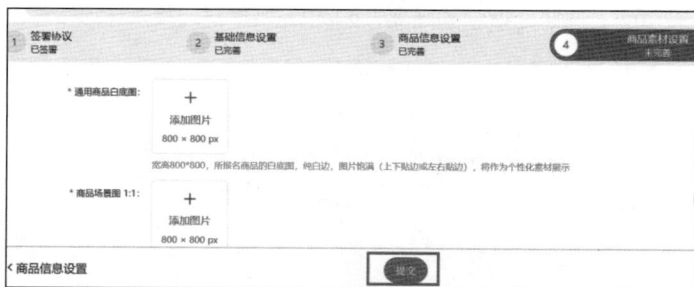

图5-32　设置商品素材信息

案例分析

网上卖土特产10个月成皇冠

耿乐于2020年高中毕业后，在一家工厂的流水线上工作，每天超负荷的工作和散发着有害气体的胶水让他头昏脑涨。他坚持了半年后，拿着几千元工资离开了工厂，希望能再找一份好工作，可是连续两个星期都没有找到工作。

耿乐老家的特产非常有名，特别是野生莲子更是优中之优。在朋友的建议下，他回家乡开起了淘宝网店，专卖家乡的特产。

由于野生莲子是他自己家乡产的，所以货源不成问题。但网店装修这件事情他从没有做过，以致于其网店既不美观，也无创意。这导致其一连几天都没有销量。

于是，耿乐开始上淘宝大学，潜心研究网店推广的知识和技巧，对淘宝网店进行重新装修，把传统的"宝贝展示型"网店换成"风景故事展示型"网店，将家乡的景色展现给买家，让买家身临其境地体验原生态环境，最终了解网店卖的是绿色原生态的商品。同时，耿乐还参加了聚划算活动、淘金币活动、淘抢购活动、行业营销活动。功夫不负有心人，耿乐终于迎来了他的第一个客户，虽然没有盈利，但耿乐非常高兴，因为这给了他希望。

之后虽然也有了一些订单，但网店的浏览量仍很少。空闲时，他经常逛淘宝论坛，发现淘宝论坛人气很旺，也了解到在淘宝发帖是较好的推广方法。他也尝试着发了一些帖子，开始时效果不是很明显。一次偶然的机会，一篇帖子被论坛管理员加精并且置顶了。这使其网店流量增加，也产生了好几个订单。尝到甜头的他在淘宝论坛上又发了不少帖子，网店信用也由几颗心逐渐升为一钻、两钻、三钻。不久，其网店荣升皇冠。

根据以上材料，分析如下问题。

1. 淘宝网店怎样选择土特产？
2. 怎样做好网店的促销活动？

实战演练

实战演练一：淘宝营销活动报名

报名参加淘宝营销活动的具体操作步骤如下。

（1）登录千牛工作台，单击"营销"|"营销活动"|"活动报名"，如图5-33所示。

（2）在打开的页面中，根据自己的需求选择相应的活动，单击活动后的"立即报名"按钮，如图5-34所示。

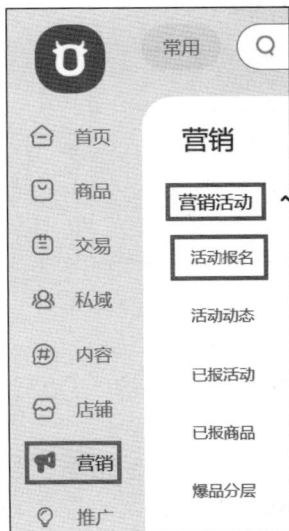

图5-33　选择"活动报名"　　　　图5-34　单击"立即报名"按钮

（3）这里选择"超级单品长期团"，打开"超级单品长期团"页面，单击右侧的"去报名"按钮，如图5-35所示。

图5-35　单击"去报名"按钮

（4）打开商品报名详情页面，勾选"我已知晓并签署协议《天天特卖运费险》"，单击"同意并下一步"按钮，如图5-36所示。之后根据提示操作即可完成报名。

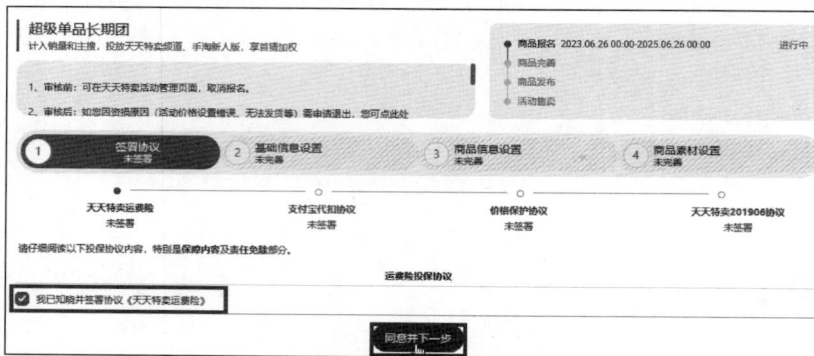

图5-36　单击"同意并下一步"按钮

实战演练二：使用搭配宝创建营销活动

搭配宝即将几种商品组合在一起设置成套餐来销售，通过促销套餐可以让买家一次性购买更多商品，如图5-37所示。搭配宝加入了智能算法，用以推荐合适的搭配商品，提高客单价和店铺转化率。搭配套餐可以提高网店的销售业绩、销售笔数和商品曝光率，节约人力成本。

图5-37　某网店搭配套餐活动的页面截图

使用搭配宝创建营销活动的具体操作步骤如下。

（1）登录千牛工作台，单击"营销" | "营销管理" | "营销工具"选项，在打开的"工具列表"中单击"搭配宝"下的"立即创建"，如图5-38所示。

（2）进入搭配宝"创建套餐"页面，选择商品，单击"添加主商品"，如图5-39所示。

（3）弹出"选择主商品"页面，选择主商品后单击"确认"按钮，如图5-40所示。

（4）返回"创建套餐"页面，单击"添加搭配商品"，在弹出的"选择搭配商品"页面中，选择搭配商品后单击"确认"按钮，如图5-41所示。

（5）返回"创建套餐"页面，单击"下一步，设置套餐信息"按钮，如图5-42所示。

图5-38　单击"搭配宝"下的"立即创建"

图5-39　单击"添加主商品"

图5-40　选择主商品

图5-41　选择搭配商品

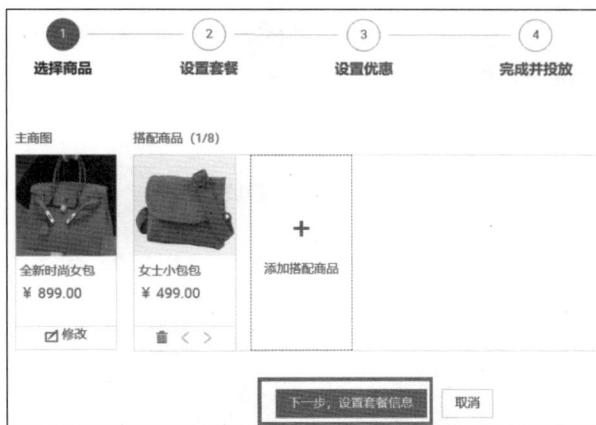

图5-42　单击"下一步，设置套餐信息"按钮

（6）进入设置套餐信息页面，设置完套餐信息后，单击"下一步，设置商品信息"按钮，如图5-43所示。

（7）进入设置优惠信息页面，在页面中设置优惠信息，完成后单击"保存套餐"按钮，如图5-44所示。

图5-43 设置套餐信息

图5-44 设置优惠信息

（8）进入"完成并投放"页面，设置完成，如图5-45所示。

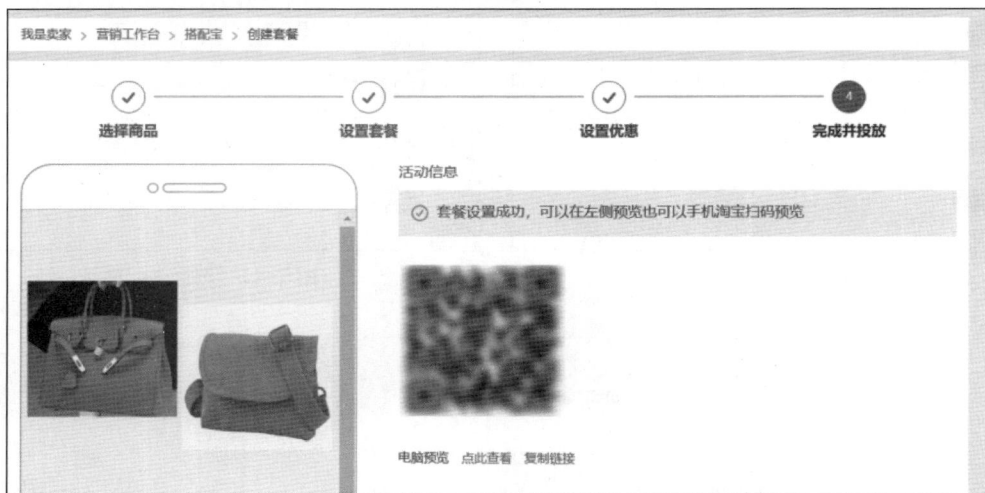

图5-45 "完成并投放"页面

课后习题

一、填空题

1. _____是指网店在运营过程中从事营销活动所使用的工具。

2. _____是针对店铺某个商品灵活设置打折、减钱、促销价的工具。

3. 店铺宝为店铺优惠工具，它支持创建部分商品或全店商品的_____、_____、_____等营销活动。

4. _____致力于打造一个汇聚高性价比和优质商品的营销平台。

二、思考题

1. 网店营销活动能给网店带来哪些好处？
2. 网店营销的最佳时机有哪些？
3. 如何设置店铺宝活动？
4. 卖家如何报名参加聚划算？

任务实训

　　掌握单品宝、优惠券、店铺宝、搭配宝的使用方法，通过具体的任务实训来加深对淘宝网店营销工具的认识和理解。

一、实训要求

　　淘宝提供的网店营销工具是多种多样的，如单品宝、优惠券、店铺宝、搭配宝等。假如你在淘宝开设一个店铺，根据自己的实际情况来进行分析和判断，看自己的店铺到底适合哪种营销工具（同时使用多个营销工具）。

二、实训步骤

1. 在单品宝创建过程中设置商品折扣优惠、限购数量。
2. 在店铺宝优惠门槛及内容中设置优惠条件，可支持满减、满折。
3. 在优惠券中设置优惠券类型、优惠金额和发行量。
4. 在搭配宝中设置套餐内商品的搭配价、搭配数量。

第 **6** 章

淘宝网店站内推广

随着电子商务的飞速发展，越来越多的人选择开设网店，希望在互联网的蓝海中分一杯羹。然而，如何在众多网店中脱颖而出，吸引并留住买家，是每个网店经营者必须面对的问题。站内推广作为网店内部营销策略的重要组成部分，对于提升销售业绩起着至关重要的作用。通过对本章的学习，读者可以掌握万相台无界版推广、淘宝联盟推广及超级互动城推广的相关知识。

学习目标

知识目标	☑ 熟悉网店站内推广的相关知识
	☑ 熟悉万相台无界版推广的相关知识
技能目标	☑ 掌握关键词推广的使用方法
	☑ 掌握精准人群推广的方法
	☑ 掌握设置淘宝联盟推广的方法
	☑ 掌握开通超级互动城推广的方法

6.1　万相台无界版推广

万相台无界版是阿里妈妈推出的新一代技术产品，旨在帮助卖家解决多渠道经营难题，提升营销投放的效率和效果。

6.1.1　万相台无界版简介

万相台无界版作为全新一站式营销投放系统，可以打通直通车、引力魔方、万相台三大投放渠道，整合了店铺全渠道投放效果报表，给卖家带来便捷的操作体验。卖家通过万相台无界版一个看板就可以直观、清楚地了解到全店在关键词搜索、人群推广、内容运营等不同投放渠道的实时效果。

万相台无界版最核心的是通过智能化技术为卖家提供强大的经营分析和决策辅助功能。

万相台无界版使用方法如下。

（1）登录千牛工作台，单击"推广"|"推广中心"，在打开的页面中单击"立即进入"按钮，如图6-1所示。

图6-1　单击"立即进入"按钮

（2）进入万相台无界版首页，单击顶部的"推广"，如图6-2所示。

图6-2　万相台无界版首页

（3）在打开的页面中可看到，万相台无界版包含7大核心营销场景：关键词推广、精准人群推广、消费者运营、货品运营、活动场景、内容营销和店铺运营，如图6-3所示。

图6-3　7大核心营销场景

6.1.2　关键词推广

关键词推广是一款付费推广工具，是一种搜索竞价排名模式，将广告投放在淘宝（天猫）等站内及站外平台，以获得卖家需求的流量。

关键词推广是"升级版的直通车"，能给商品带来曝光量，其精准的搜索匹配也能给商品带来精准的潜在买家。关键词推广可以降低网店整体推广的成本，提高整个网店的关联营销效果。同时，关键词推广还给用户提供了淘宝首页热卖单品活动、各个频道的热卖单品活动以及各类关键词推广用户专享活动。

6-1　关键词
推广

1．关键词推广原理

淘宝关键词推广的推广原理如下。

（1）如果想推广某一个商品，首先要为该商品设置相应的关键词及标题。

（2）当买家在淘宝网通过输入关键词搜索宝贝或按照商品分类进行搜索时，淘宝网就会展现卖家推广中的商品。

2．关键词推广扣费原理

如果买家通过关键词或商品分类搜索后，在关键词推广位单击卖家的商品，系统就会根据卖家设置的关键词或类目的出价来扣费。

关键词推广能给网店带来巨大的流量，那么关键词推广的扣费原理是怎样的呢？

（1）当买家搜索卖家设置的关键词时，卖家的商品就会出现在关键词推广的展示位上，只有当买家单击该商品时淘宝平台才收费，不单击该商品则不收费。

（2）卖家为关键词设置的价格，是卖家愿意为该关键词带来一个点击量付出的最高价格，当商品被单击时，扣费将小于或者等于卖家的出价。

（3）关键词推广没有任何服务费。卖家第一次开户需要预存一定金额，这属于广告费，买家单击产生的费用就从这里面扣除。

（4）关键词推广扣费公式："实际扣费＝下一名出价×下一名质量得分/卖家的质量得分+0.01元"。我们所看到的质量得分（1～10分），实际上是经过相对化比较并四舍五入后的结果。

（5）卖家关键词的排名有高低之分。同一个关键词，出价高的排在上面，依此类推，类似于百度的竞价推广，因此，新手卖家需要学习关键词设置技巧以及成本控制方法。

> 📖 **知识拓展**
>
> 提高关键词的质量得分
>
> 淘宝关键词推广中有一个影响关键词推广费用的关键因素——"质量得分"。"质量得分"是关键词的搜索匹配相关度的综合指数，当买家搜索关键词时，匹配相关度越高的商品质量得分越高，反之则越低。只要商品相关信息质量得分足够高，系统就可以用相对更少的推广费用把更优质的商品信息展现在更适当的展示位置上，使买卖双方获得双赢。
>
> "质量得分"与以下因素密切相关。
>
> （1）商品类目：推广商品上传在正确的类目下面，质量得分就高。
>
> （2）商品属性：商品属性越全面、越准确，质量得分就越高。
>
> （3）推广标题：如果推广标题里面包含推广关键词，则该关键词的质量得分就高。
>
> （4）关键词出价：关键词出价高低会间接影响质量得分的高低。
>
> （5）推广商品图片：推广商品图片清晰度越高，突出性越好，质量得分就越高。
>
> （6）关键词竞争：关键词竞争越少，质量得分就越高。

3. 关键词推广广告展示位置

关键词推广广告通常在买家进行特定关键词搜索时才会出现在搜索结果页面的显著位置，具有很高的针对性。

（1）PC端关键词推广广告展示位置

在PC端网页的淘宝搜索结果页，关键词推广广告的展示位主要有主搜区广告位、右侧广告位、底部广告位。

① 主搜区广告位

主搜区广告位是PC端淘宝搜索结果页中的第一序列广告位，位于自然搜索结果的第1行的前3个展示位。图6-4中主搜区第1行前3个展示位均是关键词推广广告位。

图6-4　主搜区前3个展示位

如果我们认真辨别主搜区广告位，不难发现，每个淘宝关键词推广商品左下角的"广告"二字颜色非常浅，如果不仔细观察很容易忽略。因为"广告"这两个字对于买家的单击和购买会产生负面影响，但平台又不得不标注。2016年9月1日，《互联网广告管理暂行办法》施行，规定互联网广告必须标注"广告"二字，且不能用任何其他文字代替。因此，关键词推广广告也必须标注"广告"二字。

② 右侧广告位

在搜索框和主搜区的右侧，有纵向排列的展示位，是专门为淘宝关键词推广设计的广告位，是继主搜区广告位之后的第二序列广告位，如图6-5所示。

图6-5　搜索结果页右侧的展示位

右侧广告位也有"广告"两个字，但是不同于主搜区广告位，右侧广告位的"广告"只出现在展示位的最上方，并不是每个展示位都有。

③ 底部广告位

底部广告位在主搜区的下方，有5个横向排列的展示位，也是专门为淘宝关键词推广设计的广告位，是继右侧广告位之后的第三序列广告位，如图6-6所示。底部广告位也标注有"广告"，在所有底部广告位的右上角。

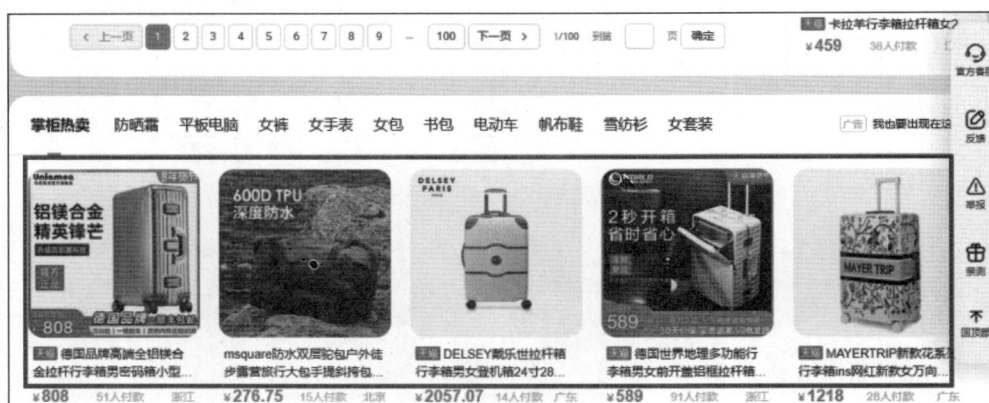

图6-6　搜索结果页的底部展示位

（2）移动端关键词推广广告展示位置

在移动端淘宝搜索结果页中，关键词推广广告位中也标注有颜色非常浅的"广告"二字，如图6-7所示。

图6-7 移动端淘宝关键词推广广告位

4．开通关键词推广

开通关键词推广的具体操作步骤如下。

（1）登录千牛工作台，进入万相台无界版首页，单击顶部的"推广"，在"营销场景"中单击"关键词推广"，如图6-8所示。

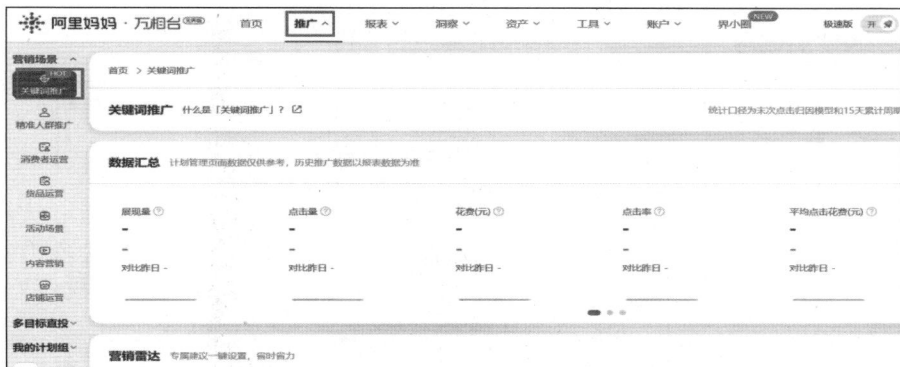

图6-8 单击"关键词推广"

（2）在打开的"关键词推广"页面中，单击"计划"中的"新建关键词推广"按钮，如图6-9所示。

图6-9 单击"新建关键词推广"按钮

（3）进入"设置计划"页面，选择场景为"关键词推广"，如图6-10所示。

图6-10　选择场景为"关键词推广"

（4）选择"推广模式"为"持续推广"，如图6-11所示。

图6-11　选择"推广模式"为"持续推广"

（5）设置"投放主体"信息，"选品方式"选择为"自定义选品"，并添加要推广的宝贝，如图6-12所示。

图6-12　设置"投放主体"信息

（6）设置"预算与排期"信息，包括"预算类型""每日预算""投放日期""出价方式"等，如图6-13所示。

图6-13　设置"预算与排期"信息

（7）在"设置推广方案"中，选择商品和设置关键词，如图6-14所示。

图6-14　设置推广方案

（8）设置"优惠权益和计划名称"信息，包括计划名称、优惠券、流量扶持等，设置完成后单击"创建完成"按钮，如图6-15所示。

图6-15　设置"优惠权益和计划名称"信息

6.1.3 精准人群推广

精准人群推广是阿里妈妈原引力魔方，原引力魔方是一款基于人工智能和大数据技术的精准人群推广工具。精准人群推广是一种全新的广告投放策略，利用大数据和人工智能技术，将广告投放的目标群体精准定位，从而最大化广告效果。

开通精准人群推广的具体操作步骤如下。

（1）登录千牛工作台，进入万相台无界版首页，单击顶部的"推广"，在"营销场景"中单击"精准人群推广"，如图6-16所示。

6-2 精准人群推广

图6-16 单击"精准人群推广"

（2）在"精准人群推广"页面中，单击"计划"中的"新建精准人群推广"按钮，如图6-17所示。

图6-17 单击"新建精准人群推广"按钮

（3）进入"设置计划"页面，选择场景为"精准人群推广"，如图6-18所示。

图6-18 选择场景为"精准人群推广"

（4）选择"推广模式"为"持续推广"，如图6-19所示。

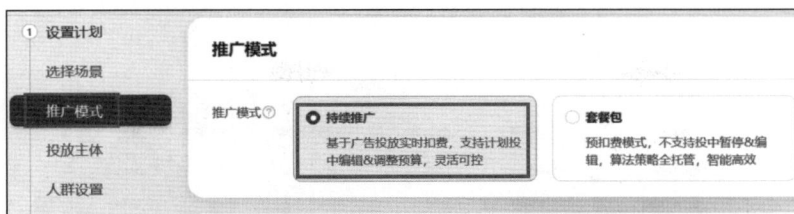

图6-19　选择"推广模式"为"持续推广"

（5）设置"投放主体"信息，建议以商品为投放主体，可以选择智能选品，动态选择营销目标下的最优商品；也可以通过"自定义选品"投放店铺核心商品，如图6-20所示。

图6-20　设置"投放主体"信息

（6）在"人群设置"中，添加"种子人群"和"扩展人群"，如图6-21所示。

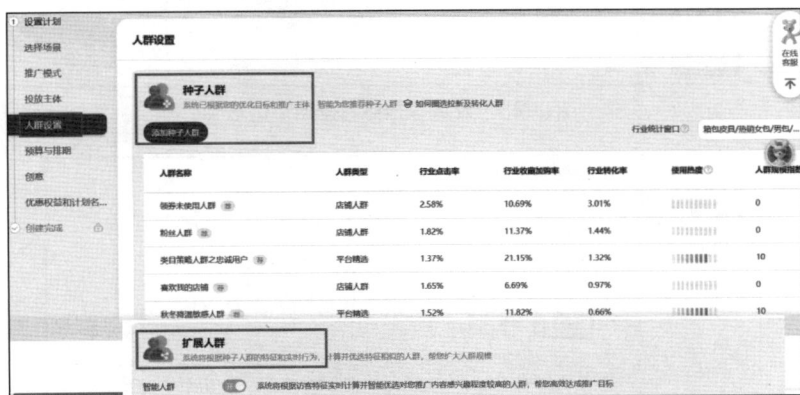

图6-21　人群设置

（7）添加种子人群，可以使用系统推荐人群与自定义人群；自定义人群建议使用相似店铺/相似宝贝/关键词/目标人群扩展等人群，如图6-22所示。

（8）设置"预算与排期"信息，包括"预算类型""每日预算""投放日期""出价方式""控成本类型"等，如图6-23所示。

（9）设置"优惠权益和计划名称"信息，包括"计划名称""优惠券""流量扶持"等，设置完成后单击"创建完成"按钮，如图6-24所示。

图6-22 添加种子人群

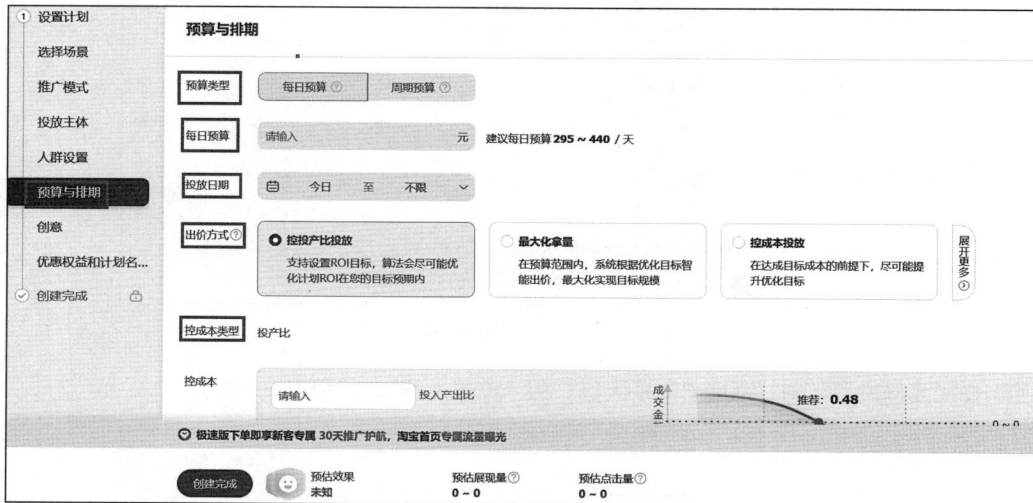

图6-23 设置"预算与排期"信息

图6-24 设置"优惠权益和计划名称"信息

6.2 淘宝联盟推广

淘宝联盟是淘宝推出的网络营销推广平台，任何用户都可以成为"淘宝客"，借助该平台帮助淘宝卖家销售商品，从中赚取佣金。下面介绍利用淘宝联盟推广的具体方法。

6.2.1　淘宝联盟推广简介

淘宝联盟是按成交量付佣金的推广方式，通过卖家自运营工具、服务商、内容渠道解决方案等多样化的产品能力，满足卖家全场景营销需求。淘宝联盟平台汇聚了大量电子商务营销效果数据和经验。图6-25所示为淘宝联盟平台。

图6-25　淘宝联盟平台

淘宝客的工作平台是淘宝联盟平台，淘宝客只需从淘宝联盟平台中获取商品代码，并把这些代码关联的商品做成广告放在自己的网店或网站上，在买家通过这些广告下单、确认收货后，淘宝客就可得到由卖家支付的佣金。图6-26所示为淘宝客通过淘宝联盟推广的过程。

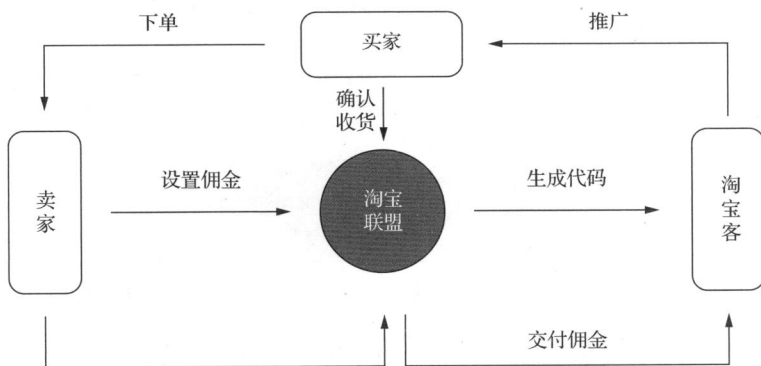

图6-26　淘宝客通过淘宝联盟推广的过程

> **提示与技巧**
>
> 淘宝客主要是在站外（即淘宝网以外的地方）进行推广，在各类消费者私域场景进行深度触达。常用的推广渠道有：导购媒体渠道（值得买等）、社交工具（如QQ、微信等）、新媒体平台（如微博等）、内容渠道（达人推广等）、线下零售等。

与其他推广形式相比，淘宝联盟推广具有较高的投入产出比，卖家不成交不付费，真正实现了"少花钱、多办事"。淘宝联盟推广的特点如下。

（1）成本可控。在整个推广过程中，商品的展示、点击全都免费，卖家只在成交后才支付给淘宝客佣金。卖家也可以随时调整佣金比例，灵活控制推广成本。

（2）潜力巨大。该推广模式能给卖家带来更多流量，让更多人群帮助推广。

（3）私域推广转化率高。该推广模式可实现社群、达人等各类消费者私域场景的深度触达，助力店铺新品、爆品爆发式销货。

（4）站外消费者全场景触达。该推广模式覆盖导购、社交、线下零售等站外多场景，消费者流量渠道更丰富。

（5）走可持续发展的道路。该推广模式建立的是基于淘宝客的网络销售队伍而不是临时的广告，因此有可持续性。

6.2.2 设置淘宝联盟营销计划

淘宝联盟营销计划是卖家在联盟后台进行单品推广的新计划。该计划将支持推广单品管理、优惠券设置管理、佣金管理、营销库存管理、推广时限管理等卖家推广所需的基本功能，并可支持查看实时数据及各项数据报表。

设置淘宝联盟营销计划的具体操作步骤如下。

（1）进入千牛工作台，单击"推广"|"推广服务"|"淘宝联盟"，如图6-27所示。

（2）在打开的页面中，单击"推广产品看板"右侧的"查看更多产品"按钮，如图6-28所示。

图6-27 单击"淘宝联盟"

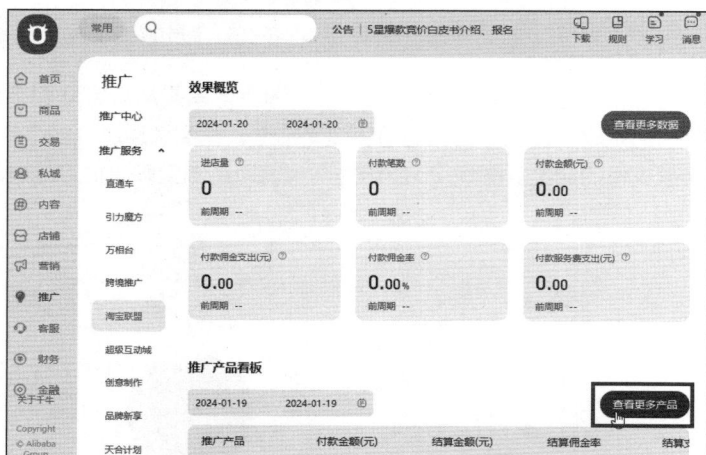

图6-28 单击"查看更多产品"按钮

（3）打开"淘宝联盟商家中心"页面，单击"营销计划"，在"营销计划"页面中单击"添加主推商品"按钮，如图6-29所示。

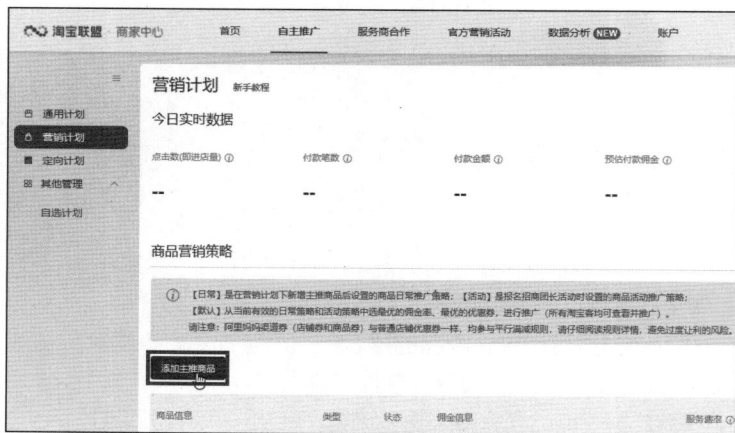

图6-29 单击"添加主推商品"按钮

（4）弹出"添加主推商品"页面，选择商品后，单击"确定"按钮，如图6-30所示。

图6-30　添加主推商品

（5）还是在"添加主推商品"页面，在"佣金管理"下单击商品类目后的"佣金率"文本框，可以修改佣金率，设置完成后单击"保存设置"按钮，如图6-31所示。

图6-31　修改佣金率

（6）营销计划设置完成后如图6-32所示。

图6-32　营销计划设置完成

6.3　超级互动城推广

在淘宝平台上为了帮助卖家更好地推广店铺，平台推出了很多推广工具，超级互动城就是其中的一种。

6.3.1　超级互动城简介

超级互动城是移动端淘宝主流互动玩法聚合阵地，包括日常及大促两种形态。日常形态与大促形态是可以叠加的，联合起来构成超级互动城卖家营销阵地，是互动式的营销场景。图6-33所示为超级互动城首页。

日常互动包含芭芭农场、淘金币、淘宝人生、火爆连连消、斗地主等多样互动玩法。在淘宝平台上，由于拥有高优先级固定流量入口，日常互动的日活跃用户是非常多的。

图6-33　超级互动城首页

大促互动是在平台举办大促活动的时候上线的"快闪型"互动玩法，如"618""双11""年货节"等，拥有移动端淘宝首页海量用户流量入口。

超级互动城具备丰富的落地页形式，支持引流到店铺首页、直播间、短视频、淘积木落地页等多种落地页形态，提供卖家各类场景化互动解决方案。

超级互动城具备丰富的人群定向能力，包括智能拓展、关键词、相似宝贝、相似店铺；此外，超级互动城也支持投放达摩盘人群，包括达摩盘精选人群、达摩盘自定义圈选人群和消费者资产定向人群。在人群精准投放上，超级互动城支持品牌人群、品类人群和偏好人群的投放，可帮助品牌完成不同营销生命周期中的人群触达。

6.3.2　开通超级互动城推广

超级互动城面向淘宝卖家、天猫卖家、飞猪卖家及淘宝主播账户开放，只要符合阿里妈妈风控准入规则，即可直接访问地址进行登录。

开通超级互动城推广的具体操作步骤如下。

（1）进入千牛工作台，单击"推广"|"推广服务"|"超级互动城"，在打开的页面中单击"前往超级互动城官网"按钮，如图6-34所示。

图6-34　单击"前往超级互动城官网"按钮

（2）进入超级互动城官网，单击"进入后台"按钮，如图6-35所示。

图6-35　单击"进入后台"按钮

（3）在超级互动城后台页面中，单击"推广类型"下的"新建持续推广计划"，如图6-36所示。

图6-36　单击"新建持续推广计划"

（4）进入"推广方式"页面，选择推广方式为"持续推广"，如图6-37所示。

图6-37　选择推广方式为"持续推广"

（5）设置基本信息，包括活动类型、套餐包、服务日期、投放时段、投放地域、投放策略等，如图6-38所示。

图6-38　设置基本信息

（6）设置"人群"信息，如图6-39所示。

（7）设置"预算"和"创意"信息，完成后单击"下一步，提交计划"按钮，即可开通超级互动城推广，如图6-40所示。

图6-39 设置"人群"信息

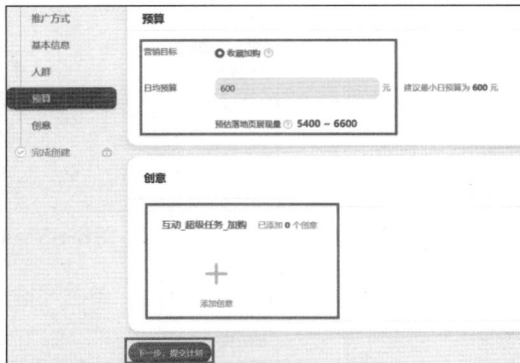

图6-40 设置"预算"和"创意"信息

📑 **案例分析**

"80后"辞去年薪10万元的工作，在网上开水果店

现在网上开店成本越来越高，而且收入不固定。对于有固定且高薪工作的白领来说，辞去高薪工作，转做网店，还卖保鲜期极短的水果，这着实让人无法理解，"80后"马军就是如此，他辞去水泥厂销售的高薪工作，在淘宝平台开起了网店卖水果。同时，他又开了一家实体店。经过一年多的努力，通过网店和实体店的有机结合，马军的水果生意竟做得风生水起。

马军辞职时，家人一度担心他是一时兴起。在他辞职后，有人以年薪20万元的待遇邀请他去做管理人员，想自己创业的马军还是婉言谢绝了。经过调查，马军发现当地市场上的水果价格比一些大城市的要便宜。同时他看到淘宝上很多网店生意很好，于是他试着开了一家网店卖水果。

刚开始时，网店生意并不好。于是，他做了直通车推广。同时，尽量把进店浏览的用户转化为买家。经过半年多的努力，网店的生意逐渐好起来。马军说："春节时，猕猴桃、云冠橙、苹果等水果卖得很不错。"

大家都知道，水果不易长期保存，在运输途中容易损坏，对质量、配送速度的要求也高于其他商品。马军说："今年刚开始在网上卖无花果时，差不多发出去10件货会有2件货到买家收货时已损坏，损坏的只能重新发货，损耗相当大。"如何避免运输途中的水果损耗，是网上水果卖家必须解决的一个大问题。首先，卖家应在包装上多下功夫，如在包装无花果时，他先是给每个无花果都套上泡沫果套，在纸箱外面再加一个泡沫箱，这样的包装使损耗降低了不少；其次，对一些发软、易烂水果，都挑八九成熟的发货，这样到买家手中时刚好成熟；最后，在装箱的时候，打包人员应认真检查，确保每一个水果的质量。

不过，由于夏天天气热，即便有人买水果，马军也不敢寄，怕在路上坏掉。因此，在网上卖水果，夏天时生意冷清一些。不过，现在他每天都要忙到晚上11点多，店内负责打包的员工也是从早忙到晚。网店生意好，也要靠投入。马军说："前段时间光直通车推广费用一天就要300元。"

在网店渐入佳境后，马军又开了一家实体水果超市。马军认为，网店和实体店可以有机结合。现在网店的生意比实体店要好，这是他的主要收入来源。实体店的收入主要维持日常开支，赢利不多，但可为网店提供纸箱和打包人员。马军说："网店的水果价格卖得较高，水果品质要求也高，有些品质较差和卖相不太好的水果可以通过实体店处理掉。"批发来的水果不可能每一个都是好的，总有一些水果是不太好的，如果只开网店，这样不太好的水果如何处理就会成问题。同时，实体店的员工在兼顾店面生意时，还可以帮网店打包水果。另外，实体店在水果卖完后会剩余很多纸箱和泡沫箱，如果按废品卖，一千克只有几角钱，现在他在网店发货时将这些纸箱和泡沫箱充分利用起来，降低了网店的经营成本。

根据以上材料，分析如下问题。

1. 在网上卖水果，与在实体店中卖有什么不同？
2. 同时开办网店与实体店的好处是什么？

实战演练

关键词的挖掘方法

选择适当的关键词是建立一个高访问量网店的第一步。对于新开的网店来说，绝大部分来访的买家都是在淘宝内通过搜索关键词找到网店的，因此关键词挖掘是个系统的工作，必须要结合商品的属性来进行。那么，卖家应该从哪里挖掘关键词呢？下面具体介绍。

（1）将关键词推广系统提供的推荐关键词作为自己的关键词，如图6-41所示。

图6-41　关键词推广系统提供的推荐关键词

（2）使用商品标题中的关键词，如图6-42所示。

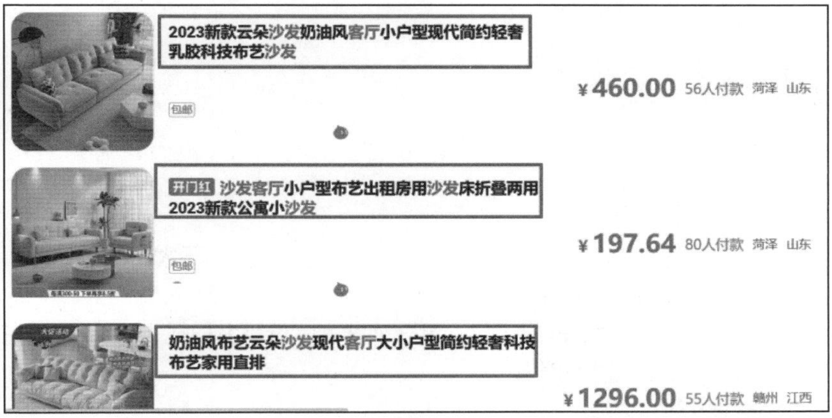

图6-42　使用商品标题中的关键词

（3）使用宝贝详情里的属性词，如图6-43所示。

图6-43　使用宝贝详情里的属性词

（4）使用淘宝首页搜索下拉框中的关键词，如图6-44所示。

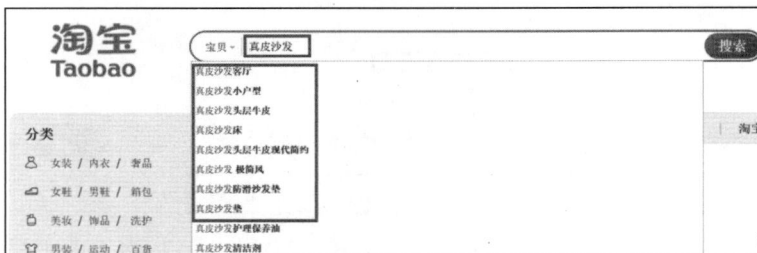

图6-44　淘宝首页搜索下拉框中的关键词

（5）使用搜索结果页面中的"您是不是想找"以及更多筛选条件中的关键词，如图6-45所示。

图6-45　"您是不是想找"以及更多筛选条件中的关键词

课后习题

一、填空题

1. 打通＿＿＿＿＿＿＿＿、＿＿＿＿＿＿＿＿、＿＿＿＿＿＿＿＿三大产品后，万相台无界版给卖家带来最直观的感受便是操作变得更简单。

2. ＿＿＿＿＿＿＿＿是一款付费推广工具，是一种搜索竞价排名模式，将广告投放在淘宝（天猫）等站内及站外平台，以获得卖家需求的流量。

3. 关键词的质量得分与＿＿＿＿＿＿＿＿、＿＿＿＿＿＿＿＿、＿＿＿＿＿＿＿＿、＿＿＿＿＿＿＿＿、＿＿＿＿＿＿＿＿等因素密切相关。

4. ＿＿＿＿＿＿＿＿是阿里妈妈原引力魔方，原引力魔方是一款基于人工智能和大数据技术的精准人群推广工具。

二、思考题

1. 关键词推广原理是什么？
2. 关键词推广扣费原理是什么？
3. 淘宝联盟推广的特点有哪些？
4. 关键词的挖掘方法有哪些？

任务实训

本书通过任务实训来加深读者对淘宝网店站内推广方法的认识和理解。

一、实训目标

假如你是一个女装卖家，寻找几种网店站内推广的方式应用于自己的淘宝网店。

二、实训步骤

1. 开通关键词推广，选择商品和设置关键词，设置"预算与排期"信息。
2. 开通精准人群推广，以商品为投放主体，添加种子人群，可以使用系统推荐人群与自定义人群。
3. 设置淘宝联盟营销计划，添加主推商品，设置佣金率。
4. 开通超级互动城推广，设置推广基本信息，包括活动类型、套餐包、服务日期、投放时段、投放地域、投放策略，设置预算和创意信息。

第 7 章

其他网店平台运营

随着互联网的普及，越来越多的人选择在网络平台上开店做生意。除了淘宝平台外，拼多多、抖音小店和速卖通也是非常受欢迎的平台。拼多多是一个以社交电商为主的平台，它允许用户通过分享和邀请朋友一起购买商品来获得折扣。抖音小店是抖音官方推出的电商服务平台，通过短视频和直播的形式销售商品。速卖通是一个国际化的电商平台，面向全球市场。

学习目标

知识目标	☑	**熟悉拼多多网店运营的相关知识**
	☑	**熟悉抖音小店运营的相关知识**
	☑	**熟悉速卖通运营的相关知识**
技能目标	☑	**掌握拼多多网店的运营方法**
	☑	**掌握抖音小店的开通和商品发布方法**
	☑	**掌握速卖通的账号注册方法**

7.1　拼多多网店的运营

拼多多自上市以来，凭借百亿补贴计划收获诸多流量，大力发展下沉市场客户，凭借彼时大家都不看好的下沉市场超越许多早已成熟的电商平台。

7.1.1　拼多多网店概述

拼多多以社交电商起家，与其他电商平台相比，具有门槛低、流量大、推广快、成本低等优势。从商业模式来看，拼多多主打"团购"和"低价"的运营策略，背靠微信的庞大流量和社交红利，为自己吸引了大量的忠实消费者。拼多多商业模式的成功，使其得以急速成长。图7-1所示为拼多多平台上的某家网店。

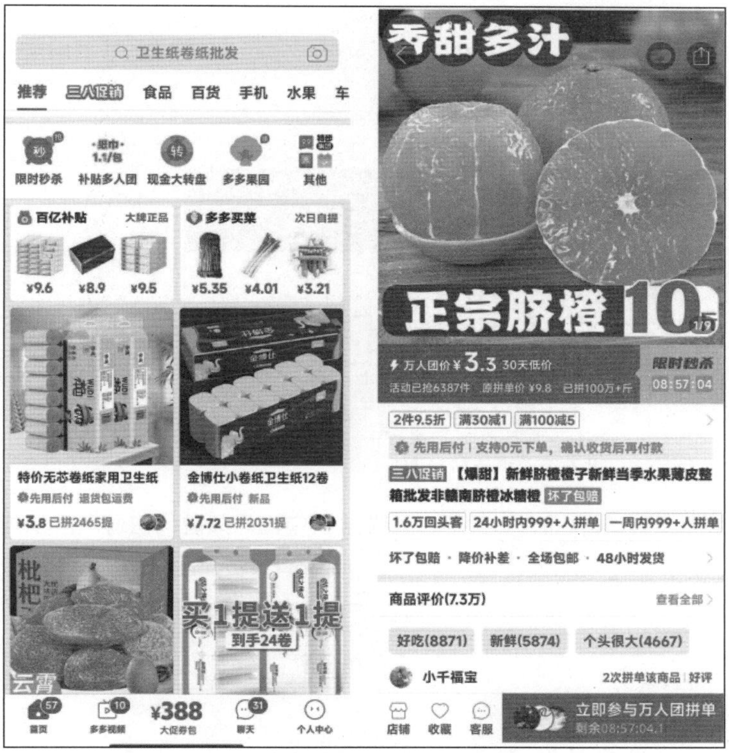

图7-1　拼多多平台上的某家网店

💡 知识拓展

　　大部分人在消费选择上还是以追求高性价比为主，更愿意用相对较低的价格买到实用的东西。毫无疑问，拼多多已经从一个电商新秀跻身为电商巨头，越来越多的人在拼多多开店，想在社交电商领域分得一杯羹。

拼多多不仅平台流量大，而且开店门槛非常低。你只要有一定的供货能力，就可以在拼多多上开店，在商品类型方面，尽量选择低价、量大的商品。

拼多多网店有两种形式，个人店和企业店。其中，个人店适合个人和个体工商户入驻，个人只需提供个人身份证即可，个体工商户需要提供个人身份证和个体工商户营业执照；企业店适合企业开店，企业需要提供一些必要资质证明文件，包括商标注册证、授权书、企业负责人身份证等。

7.1.2　拼多多网店商品发布

　　卖家入驻拼多多平台，进行认证、发布商品后，就开店成功了！卖家可以在PC端的拼多多商家后台直接发布商品，也可以使用拼多多App在手机端发布商品。这里讲述在PC端的拼多多商家后台发布商品的方法，具体操作步骤如下。

　　（1）进入拼多多商家后台登录页面，大家可选择"扫码登录"或"账号登录"，这里选择"账号登录"，输入账号名/手机号和密码，单击"登录"按钮，如图7-2所示。

7-1　拼多多网
店商品发布

　　（2）打开"商家后台"页面，在左侧的导航栏中单击"商品管理"|"发布新商品"，如图7-3所示。

图7-2　拼多多商家后台页面

图7-3　单击"发布新商品"

　　（3）进入"发布新商品"页面，卖家可以在搜索框中输入关键词快速搜索分类，也可以在下方手动设置分类，设置完成后，单击"确认发布该类商品"按钮，如图7-4所示。

图7-4　选择分类

　　（4）在打开的页面中填写基本信息，设置商品的基本信息，包括商品轮播图、商品标题、商品属性、商品详情等，如图7-5所示。

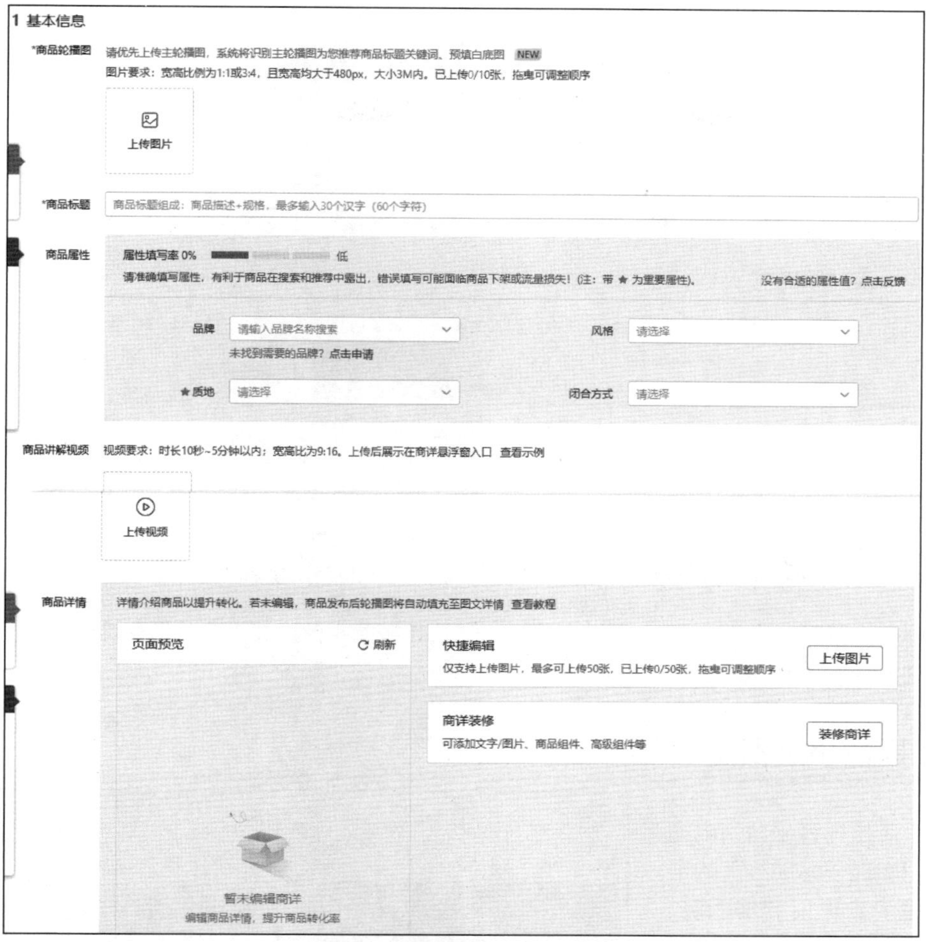

图7-5 设置商品的基本信息

（5）填写规格与库存信息，包括商品规格、价格及库存、商品参考价等，如图7-6所示。

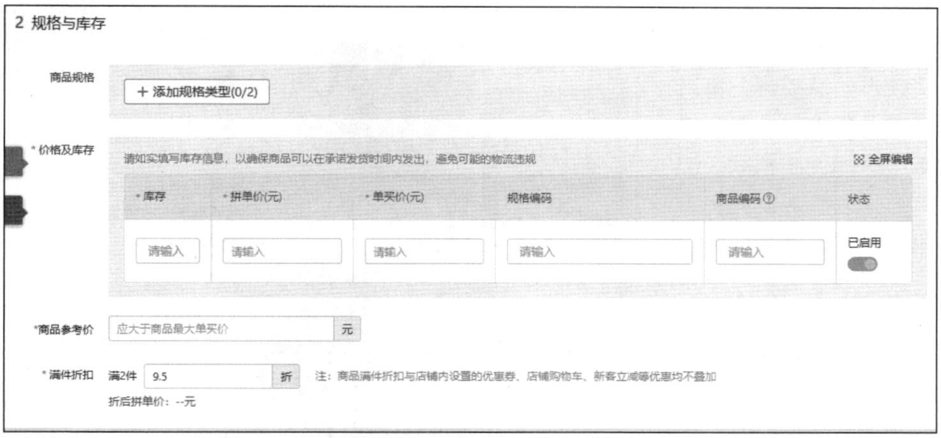

图7-6 填写规格与库存信息

（6）填写服务与承诺信息，包括承诺发货时间和更多服务，填写完成后单击"提交并上架"按钮，如图7-7所示。至此，在拼多多商家后台发布商品成功。

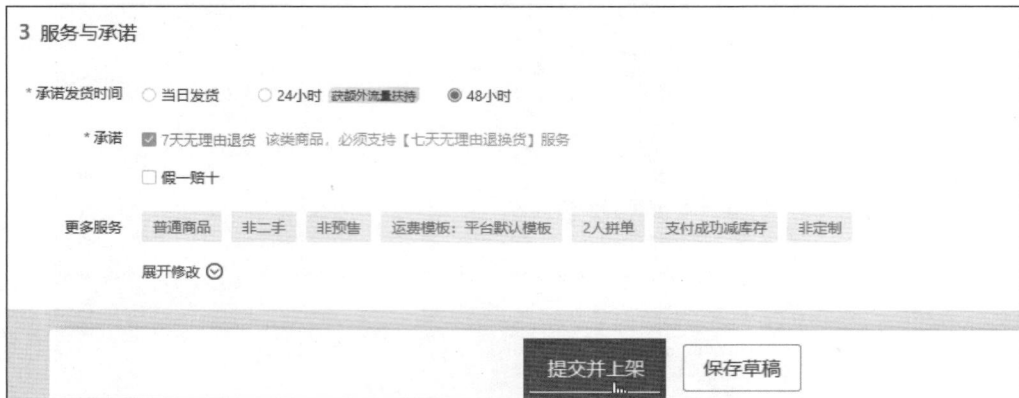

图7-7　填写服务与承诺信息

7.2　抖音小店的运营

抖音小店（以下简称"抖店"）是抖音提供的一站式经营平台，能为卖家提供全链路服务，帮助卖家长效经营、高效交易，实现销售额的增长。

7.2.1　抖音小店概述

抖音小店是抖音平台为电商卖家提供的实现一站式经营的平台，在这里卖家可以完成入驻、开通抖音店铺、发布商品、订单履约、售后服务等一系列操作，同时也可以从该平台获取学习资料，从而顺利开展电商经营。开通抖音小店后，卖家可以通过抖音、今日头条、西瓜视频、抖音火山版等渠道进行商品分享。抖音小店和淘宝店铺性质相同，都可以直接卖货，如图7-8所示。

开通抖音小店，需要具备以下资质。

（1）主体资质：经营活动的主体本身应当具备的资质材料，如营业执照、身份证等。

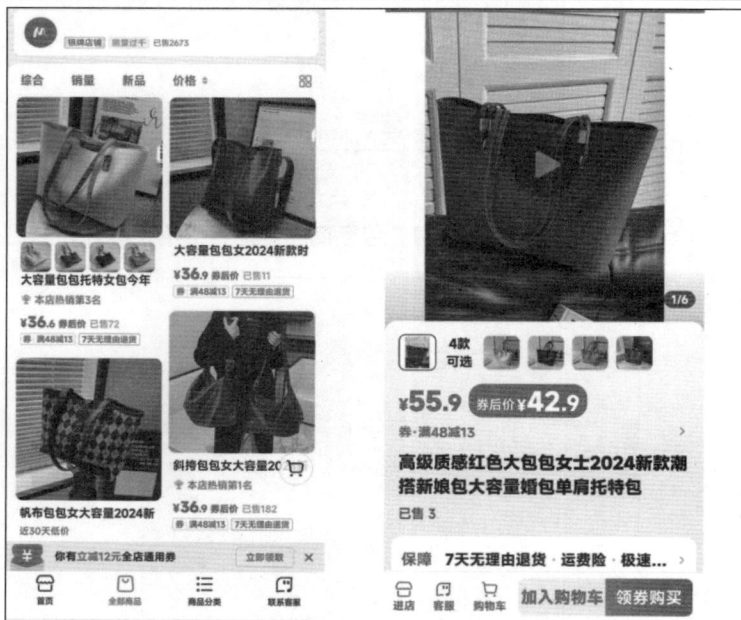

图7-8　抖音小店

（2）品牌资质：与品牌相关的商标文件、授权文件等资质材料。

（3）行业资质：卖家从事某一行业的经营必须拥有的资质材料，如食品经营许可证、食品生产许可证、化妆品生产许可证等。

（4）商品资质：包含国家对商品的认证、认可和要求以及平台对商品特殊材质等的要求，如CCC认证、化妆品备案等。

7.2.2　抖音小店的开通

7-2　抖音小店
的开通

在移动端开通抖音小店的具体操作步骤如下。

（1）进入抖音App中的"我"页面，点击右上角的☰图标，在打开的侧边栏中选择"抖音创作者中心"选项，如图7-9所示。

（2）进入"创作者中心"页面，点击"全部"图标，如图7-10所示。

（3）进入图7-11所示的页面，点击"开通小店"图标。

图7-9　选择"抖音创作者中心"选项

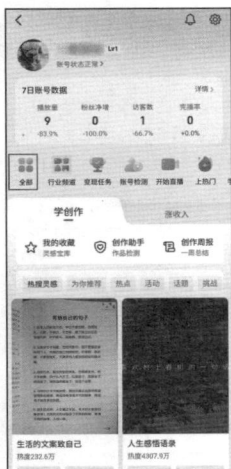

图7-10　点击"全部"图标

图7-11　点击"开通小店"图标

（4）进入"抖音电商"页面，勾选"我已阅读并同意上述授权及《账号绑定服务协议》"单选按钮，点击"入驻抖音电商"按钮，如图7-12所示。

（5）进入"授权登录"页面，选择是用当下手机号登录还是选择其他手机号，这里选择"授权并用134×××××43一键绑定"按钮，如图7-13所示。进入"店铺入驻"页面（见图7-14），成功开通抖音小店。

图7-12　点击"入驻抖音电商"按钮

图7-13　选择登录方式

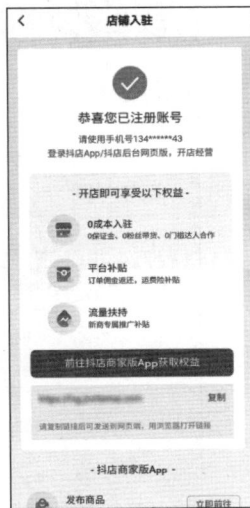

图7-14　成功开通小店

7.2.3　抖音小店商品发布

很多卖家开通抖音小店后，并不知道怎么发布商品。抖音小店商品发布的具体操作步骤如下。

（1）在PC端登录抖音小店后台，选择"商品"|"商品创建"选项，如图7-15所示。打开商品创建页面，选择商品类目（若不确定具体的类目，可通过搜索关键词进行商品类目的快速定位及选择），如图7-16所示。卖家一定要选自己商品对应的类目，二级类目、三级类目都需要对应，如果不对应，将无法通过审核。

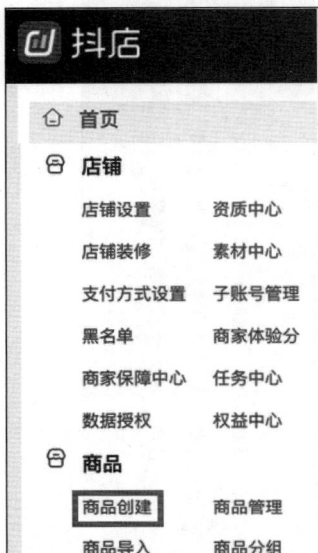

图7-15　选择"商品创建"选项

图7-16　选择商品类目

（2）当类目选择完后，在"基础信息"选项卡中卖家可以填写商品基础信息，其中带"*"号的是必填项，需按照要求填写，如图7-17所示。当选择品牌时，卖家可通过检索的方式选择商品对应的品牌。

图7-17　填写商品基础信息

（3）在"图文信息"选项卡中，填写图文信息，如图7-18所示。主图和商品详情是买家了解商品信息的重要途径，务必填写完整。为保证买家在购买商品时拥有充分的知情权，更全面地了解商品，卖家应根据所销售的商品的实际属性填写商品详情，并及时维护，以保证商品详情真实、正确、有效。

（4）在"价格库存"选项卡中，选择发货模式，如图7-19所示。发货模式分为现货发货模式、全款预售发货模式、阶梯发货模式。系统默认现货发货模式，建议新手卖家选择48小时发货。在全款预售发货模式下，卖家需要设置预售结束时间和发货时间。

图7-18 填写商品图文信息

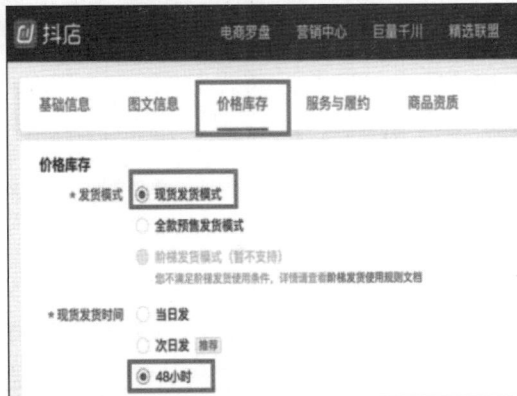

图7-19 选择发货模式

（5）在"价格库存"选项卡中，填写价格与库存信息，如图7-20所示。价格和库存信息的设置将影响卖家的销量和交易额。

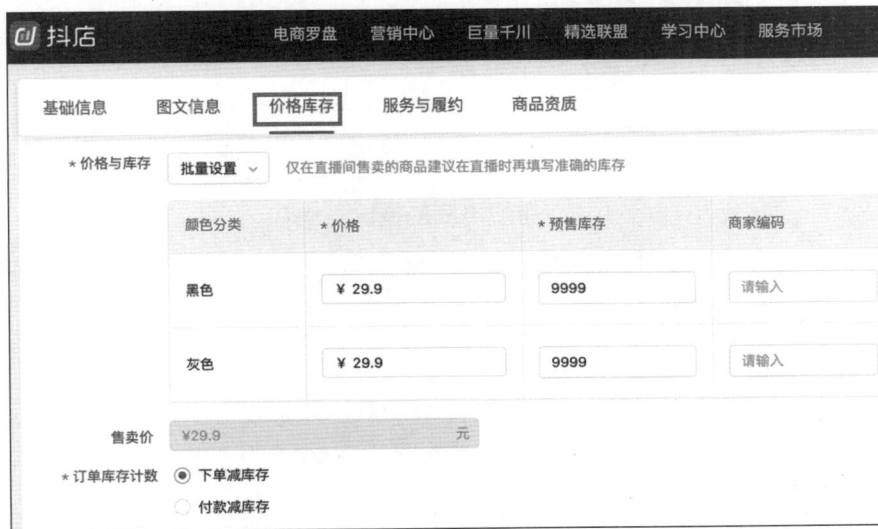

图7-20 填写价格与库存信息

（6）在"服务与履约"选项卡中，填写服务与履约信息，如图7-21所示。售后服务将根据所选类目默认匹配，如该类目商品须支持7天无理由退换货服务，则用户端将显示"7天无理由退换货（规则详见 ）"服务标签。

（7）在"商品资质"选项卡中，提供商品资质证明，如图7-22所示。在抖音小店上销售商品时，针对某些特殊类目，商家需要提供相应的资质证明，以确保其合法合规地经营。所有信息创建好之后，商家就可以发布商品了，提交前请仔细检查各项内容填写的准确性与完整性，如果审核通过，商品即可被用户看到。

图7-21 填写服务与履约信息

图7-22 提供商品资质证明

7.3 速卖通的运营

跨境电商已经成为全球中小企业参与国际贸易的一种重要方式。下面以常见的跨境电商平台速卖通为例，讲解速卖通概述、速卖通入驻要求、速卖通账号注册、速卖通选品等内容。

📖 知识拓展

跨境电商的概念

跨境电商是指分属于不同关境的交易主体，通过电子商务平台达成交易、进行支付结算，并通过跨境物流及异地仓储送达商品、完成交易的一种国际商业活动。

具体来说，跨境电商的概念有狭义和广义之分。

1. 狭义的跨境电商

狭义的跨境电商相当于跨境零售。所谓跨境零售，是指分属于不同关境的交易主体，通过计算机网络完成交易，进行支付结算，并利用小包、快件等方式通过跨境物流将商品送达消费者手中的商业活动。

在国际上，跨境电商通常被叫作"Cross-border Electronic Commerce"，实际上就是跨境零售。从海关角度来说，跨境电商通常就是通过互联网进行的小包买卖，其消费者主要是C类个人消费者。但是严格来说，随着跨境电商的发展，跨境电商的消费者中也有一些碎片化的小额买卖的B类商家消费者，在现实中很难严格界定B类商家与C类个人消费者。因此，总体来说，跨境零售也包含这部分针对B类商家的销售。

2. 广义的跨境电商

广义的跨境电商基本上指的就是外贸电商，即分属于不同关境的交易主体，利用网络将传统外贸中的展示、洽谈以及成交等各环节电子化，并借助跨境物流运送商品、完成交易的一种国际商业活动。

从更加广泛的意义上来说，跨境电商是指电子商务在国际进出口贸易中的应用，是传统国际贸易流程的网络化、电子化和数字化，包括货物的电子贸易、电子资金划拨、电子货运单证、在线数据传递等多方面的内容。因此，从这个意义上来说，在国际贸易中只要涉及电子商务的应用都可以被纳入跨境电商的范畴。

7.3.1　速卖通概述

速卖通是帮助中小企业接触终端批发零售商，小批量、多批次快速销售，拓展利润空间而全力打造的融合订单、支付、物流于一体的外贸在线交易平台。

速卖通于2010年4月免费对外开放注册。截至2023年，速卖通已覆盖全球220多个国家和地区，海量资源助力境内品牌出境。

速卖通的买家以个人消费者为主，约占平台买家总数的80%，还有20%为境外批发商和零售商，所以速卖通的定位是外贸零售网站。

在全球贸易新形势下，全球买家采购方式正在发生剧烈变化，小批量、多批次成为一股新的采购潮流。越来越多的终端批发零售商在速卖通平台上直接向商家采购，流通渠道更短，卖家直接在线销售、收款，拓展了小批量、多批次商品利润空间，实现了双赢。

7.3.2　速卖通入驻要求

速卖通主要针对的是海外市场，向海外出售中国的很多特色商品，这也让很多国内企业无须投入很高的成本就可以将自己生产的商品向海外销售。跟淘宝相同的是，速卖通也是通过支付宝进行担保交易的，不同的是淘宝使用的是国内版本的支付宝，而速卖通使用的是国际版支付宝。入驻速卖通有以下要求。

（1）个体工商户或企业均可入驻，须通过企业支付宝账号或企业法人支付宝账号在速卖通完成企业身份认证，所以企业或企业法人应先在支付宝上进行注册。平台目前有基础销售计划和标准销售计划供商家选择，个体工商户在入驻初期仅可选择基础销售计划。

（2）卖家必须拥有或代理一个品牌进行经营，并可根据品牌资质选择是经营品牌官方店、专卖店还是专营店，具体以商品发布页面为准。

（3）卖家须缴纳技术服务年费，各经营大类技术服务年费不同，卖家可以在官网查看资费标准。经营到自然年年底，拥有良好的服务质量及经营规模不断扩大的优质店铺的卖家都将有机会获得年费返还奖励。

7.3.3　速卖通账号注册

速卖通的定位是外贸零售网站，因此速卖通的买家以个人消费者为主。注册速卖通账号前，卖家要准备好以下资料。

（1）个体工商户或企业营业执照，这是必须要有的，否则无法开店。

（2）企业法人身份证，身份证上的姓名要与营业执照上的姓名一致。

（3）联系方式，即手机号和邮箱，要求该手机号和邮箱没有注册过速卖通账号。

（4）企业支付宝账号，主要用于认证及绑定收款。

（5）品牌证明，卖家只有提供品牌商标或授权证明才能销售相关商品。

上述资料准备好之后，卖家就可以根据以下流程注册开店。

7-3　速卖通
账号注册

（1）进入速卖通商家门户网站，单击右上角的"注册"按钮，如图7-23所示。

图7-23　单击"注册"按钮

（2）在打开的页面中选择公司注册地所在国家，然后单击"点此前往新版工作台"超链接完成注册入驻流程，如图7-24所示。

图7-24　注册账号

（3）进入"注册账号"页面，填写注册账号信息，如图7-25所示。

图7-25　填写注册账号信息

（4）单击"立即注册"按钮，进入"认证企业信息"页面，选择认证方式进行实名认证，如图7-26所示。

图7-26 选择认证方式

（5）根据自身情况，单击"企业支付宝认证"或"企业法人支付宝认证"后，扫码登录支付宝账号，如图7-27所示。

图7-27 扫码登录支付宝

（6）进入"服务授权"页面，单击"授权"按钮，如图7-28所示。授权成功后，填写个人信息，提交审核，审核成功后即可根据提示完成选择经营大类、缴纳保证金步骤，这样就完成了账号注册。

图7-28 单击"授权"按钮

7.3.4 速卖通选品

速卖通选品可以通过站内选品和站外选品两种方式进行。其中，站内选品是指卖家通过速卖通选品；站外选品是指卖家通过参考相似平台或借助第三方数据分析工具选品。

1. 站内选品

站内选品是指卖家根据速卖通的情况，结合一定的数据分析及自身优势来选择要经营的行业及具体类目下的商品。速卖通为卖家提供了一些行业在某个时间段内的平台流行趋势，卖家可以参考其中的商品进行选品。

（1）首页类目推荐。图7-29所示为在"计算机、办公与安全"类目下，在平台首页上流行的商品，卖家应加以关注。

图7-29 "计算机、办公与安全"类目在平台首页上流行的商品等

（2）选择热销商品。卖家可以从首页中选择不同的类目，单击"订单"，按照商品的订单进行排序。热销商品往往排在前面，可以作为选品的参考，如图7-30所示。

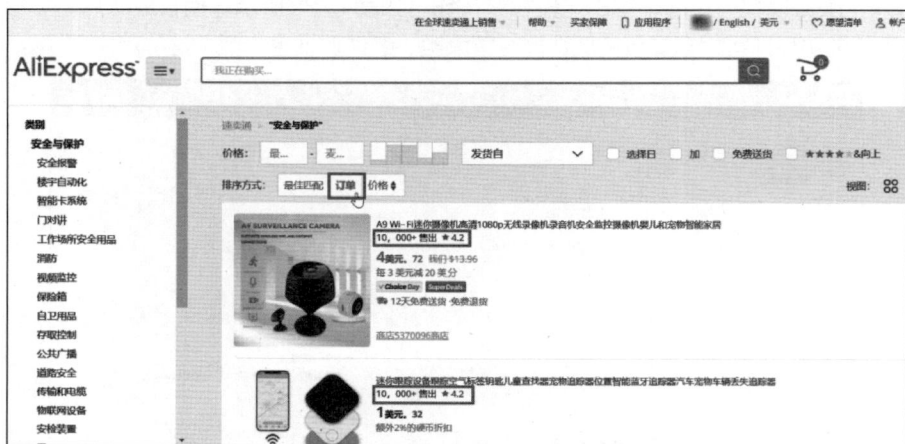

图7-30 选择热销商品

2. 站外选品

除了参考速卖通站内的一些资源来进行选品，卖家还可以将站外资源作为选品参考，如借鉴Amazon、敦煌网、阿里巴巴采购批发网等同行业类似跨境电商平台上的热销商品，或者参考一些小语种网站上的商品来辅助选品。世界上许多国家都有自己本土的电商平台，卖家要将商品深入销往某一个国家时，可以参考其本土平台上的热销商品。

📖 案例分析

商家通过跨境电商找到了"出海"新攻略

来自湖南省邵阳市的黄凯出生于1999年。别看他年龄不大，生意经可不少。在不少同行还在苦苦寻觅生意的时候，黄凯已经走出国门，开辟了一条新的"卖货"途径。

大学毕业后，黄凯发现叔叔从事的餐桌、餐椅生意竞争激烈，在短时间内难以取得新进展。于是，黄凯将目光投向了线上渠道。在分析了自家店铺在跨境电商平台经营的各类后台数据后，黄凯认为沙发出口是一个有潜力的赛道。

"一个货柜可以装2000件餐桌椅，但只能装18组沙发，因此很多企业不愿意做沙发出口生意。然而，海外客户对沙发的需求并不少。"黄凯这样说。选定方向后，他在叔叔的帮助下开始探索经营专门用于出口欧美市场的功能沙发和组合沙发。

事实证明，黄凯这条路走对了。创业一年半以来，黄凯的杰苓家具有限公司业绩增长迅速，2023年的月出口额就超过200万元。"通过跨境电商，老行业也能做出新特色。一方面，借助跨境电商平台，我们与各类海外客户直接交流，积极把握市场节奏；另一方面，我们在产品上持续创新，提升产品性价比。"黄凯说。

商务部数据显示，现在全国有外贸进出口实绩的企业达64.5万家，其中跨境电商主体超过10万家。中国制造的独特优势与海外市场的旺盛需求，为跨境电商从业者增添了信心。

根据以上材料，分析以下问题。

（1）黄凯做跨境电商成功的原因是什么？

（2）我国跨境电商的前景如何？

▌实战演练

实战演练一：拼多多商品管理

拼多多商家后台可用于管理商品，卖家可以对商品信息进行修改，下架商品，还可以对商品进行推荐。在拼多多商家后台进行商品管理的具体操作步骤如下。

（1）进入拼多多商家后台，在"商品列表"页面中可以创建商品，通过上架审核的商品也会出现在"商品列表"页面中。卖家可以在"商品列表"页面中执行下架、编辑、预览、发布相似品和二维码/链接等商品管理操作，如图7-31所示。

（2）店铺每天可以使用一次"商品体检"功能，使用该功能后系统会详细展示店铺的问题商品情况，卖家可以根据体检结果和平台规则，在系统的引导下处理这些问题，从而增加店铺的流量，提高转化率、活动报名成功率，以及获得买家好评。"商品体检"页面如图7-32所示。

图 7-31　商品管理操作

图 7-32　"商品体检"页面

（3）"商品素材"页面主要展示商品各级标准的素材，包括图文素材、主图投放、素材工具等，如图 7-33 所示。

图 7-33　"商品素材"页面

（4）"供货管理"页面包括"批发供货""快团团供货""多多买菜供货"，完成店铺信息验证及发布批发商品，即可成为批发供货商，如图 7-34 所示。

图7-34 "供货管理"页面

（5）"商品工具"页面提供了"商品成交转化""商品快速编辑"等多种商品编辑工具，如图7-35所示。

图7-35 "商品工具"页面

（6）"机会商品"页面展示行业顶级商家优选的潜力商品，发布机会商品能够获得平台更多的推荐流量，增加曝光率。"机会商品"页面如图7-36所示。

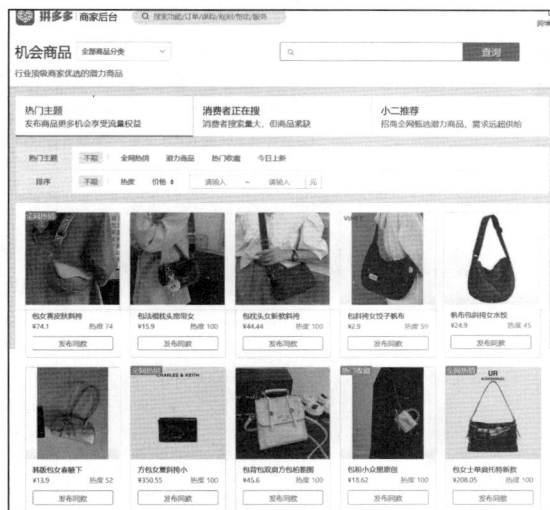

图7-36 "机会商品"页面

实战演练二：抖音达人带货权限的开通

抖音主播可以通过达人带货功能在自己的视频和主页中分享商品信息，开通此功能后，抖音主页中会增加"商品橱窗"功能，达人主播可以在橱窗里添加需要分享的商品，若抖音用户对商品感兴趣则可以通过商品橱窗来了解详情并购买。在抖音开通达人带货功能的具体操作步骤如下。

（1）打开抖音App，选择抖音首页底部的"我"，点击右上角的三，如图7-37所示。

（2）在打开的侧边栏中点击"抖音创作者中心"，如图7-38所示。

（3）进入图7-39所示的页面，点击"全部"。

图7-37　点击右上角的三

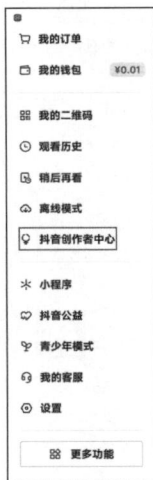

图7-38　单击
"抖音创作者中心"

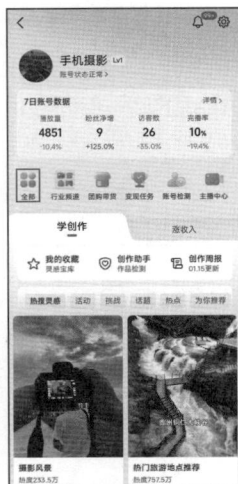

图7-39　点击"全部"

（4）进入"工具服务"页面，点击"电商带货"，如图7-40所示。

（5）进入"商品橱窗"页面，选择"个人"单选按钮，点击"填写带货资质"，如图7-41所示。

（6）打开"立即加入电商带货"页面，上传个人信息，输入姓名和身份证号，点击"提交审核"按钮，如图7-42所示。

图7-40　点击"电商带货"

图7-41　点击"填写带货资质"

图7-42　点击"提交审核"按钮

课后习题

一、填空题

1. _____是指分属于不同关境的交易主体，通过电子商务平台达成交易、进行支付结算，并通过跨境物流及异地仓储送达商品、完成交易的一种国际商业活动。

2. 在拼多多平台开店的时候，会有两个选择，一种是_____，另一种是_____。

3. _____是抖音平台为电商商家提供的实现一站式经营的平台。

4. 速卖通选品可以通过_____和_____两种方式进行。

二、思考题

1. 开通抖音小店的具体操作步骤是什么？

2. 什么是狭义的跨境电商和广义的跨境电商？

3. 速卖通入驻要求有哪些？

任务实训

本实训要求读者掌握拼多多的开店流程，包括申请入驻、商品的发布、商品的管理，通过具体的任务实训来加深对相关知识的理解。

一、实训要求

假如你想在拼多多开店，入驻拼多多平台后，第一步是进行认证，只有认证成功，才能发布商品。发布商品是增加店铺曝光率、吸引流量、促进店铺交易额增长的前提。发布商品时，一定要注意选择一个好的商品标题，好的标题可以带来更大的曝光量，切中目标用户，提高点击率。改进商品属性和描述，可以增加搜索时的权重，获得更准确的流量。

二、实训步骤

1. 打开拼多多官方网站，单击导航栏中的"商家入驻"，根据提示入驻拼多多，并认证成功。

2. 开店成功后，在拼多多商家后台发布商品，填写商品详细信息。

3. 在拼多多商家管理后台进行商品管理。

第 **8** 章

网店站外推广

　　网店站外推广可以突破店铺在平台内的受众限制，将广告展示在更广阔的网络空间，吸引更多潜在买家。网店站外推广已成为许多卖家必选的营销手段。本章介绍常见的网店站外推广方法，如微博推广、短视频平台推广、微信推广等。网店站外推广具有诸多优势，卖家应结合自身情况和市场环境，制定合适的推广策略并加以实施，以提升店铺曝光度和销售额。

学习目标

知识目标	☑	熟悉网店站外推广的方法
	☑	熟悉短视频平台推广的方法
技能目标	☑	掌握在微博推广的方法
	☑	掌握微信推广的方法
	☑	掌握快手营销推广的方法

8.1　微博推广

微博推广是以微博作为推广平台，每一个微博用户都成为潜在营销对象。卖家可通过更新自己的微博向粉丝推广商品的信息，树立良好的个人形象和店铺形象。下面介绍微博推广的特点和引流方式等内容。

8-1　微博推广

8.1.1　微博推广的特点

如今在人们的生活和工作中，微博是常用的社交媒体平台。凭借着众多优点，微博推广越来越受到个人卖家和企业的青睐。微博推广有哪些特点呢？

1. 立体化

微博可以借助多种技术手段，以文字、图片、视频等多种形式对商品进行介绍，从而使粉丝（即潜在买家）更直接地接收信息。图8-1所示为在微博上发布的推广视频。

图8-1　在微博上发布的推广视频

2. 速度快

微博最显著的特点就是传播速度快。一条微博发出后，短时间内就可以抵达微博世界的每一个角落。

3. 互动性强

卖家借助微博能与粉丝即时沟通，及时解答粉丝的疑问，获得粉丝反馈。

4. 便捷

微博推广操作便捷，能帮卖家节约大量的营销成本。

5. 范围广

微博通过粉丝进行传播，同时利用名人效应能使传播范围几何级放大。图8-2所示的小米手机发布的微博内容被迅速转发、传播。

图8-2　小米手机发布的微博内容被迅速转发、传播

6. 效率高

针对商品的常见问题，微博能帮助卖家和买家之间架起沟通的桥梁、建立互相了解的通道。

7. 内容简单

卖家只需要进行简单构思，就可以发布一条微博。这点要比博客方便很多，毕竟构思一篇好的博客文章，需要付出很多的时间与精力。

8.1.2　微博引流方式

如果能够利用好微博这一平台，无疑会对引流工作有很大的帮助。卖家可以通过以下方式利用微博引流。

1. 搜索关键词

微博高级搜索定位较为精准，卖家可以根据时间、地区等条件进行关键词精确搜索，以此来获得精准目标用户。需要注意的是，搜索目标用户时一定要输入核心关键词。例如，婴儿奶粉的目标用户一般为父母，所以卖家在搜索关键词可以是"我家宝宝"或"我家女儿"等，而输入昵称关键词时可以选择"××妈妈"等；还可以根据年龄、性别和地区进行搜索。

2. 利用微博相册推广商品

卖家可以将商品图片上传到微博相册，以吸引粉丝注意。浏览微博相册的人越多，商品曝光率自然就越高。图8-3所示为利用微博相册推广商品的示例。

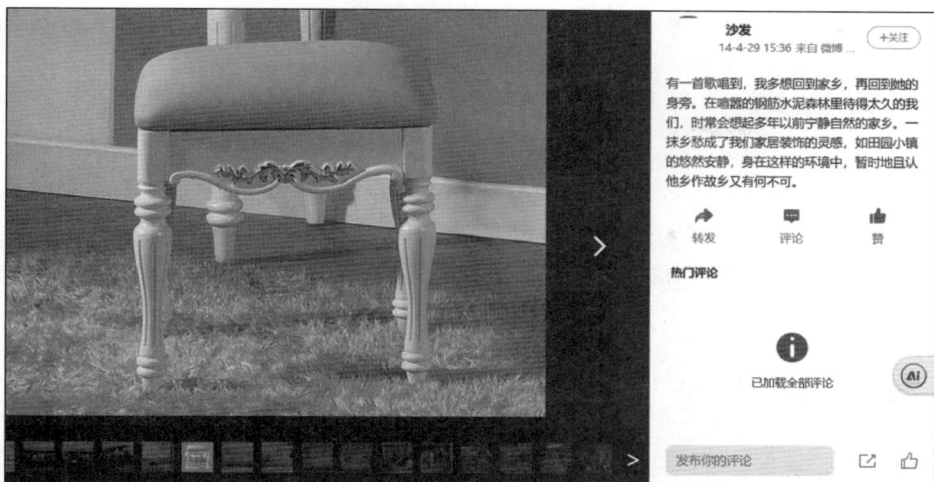

图8-3　利用微博相册推广商品

3．关注热门话题

卖家可关注与自己商品相关的热门话题，然后留意观察跟自己一样关注这些话题的人，这些人往往是潜在用户。卖家应尝试关注并联系他们，设法将其转化为精准目标用户。

4．关注知名微博账号

卖家可参与微博互动，关注一些相关知名微博账号，并关注转发和评论其微博的人，因为这些人很有可能是潜在用户。

5．学会互动

卖家可发表一些对潜在用户有帮助的评论，并做到友好地交流互动，不要立即发广告，否则容易让人反感。卖家平时可以多发表一些积极向上的评论，在和其关系较为稳固后，就可以将新的商品信息或优惠活动发送给他们，从而建立起长期的互动关系。对于有一定联系的用户，卖家可以在发布新品时给他们发邮件，与他们时常互动。

6．加入圈子

在微博世界里，其实有很多"群"，即"圈子"，往往熟悉的人或者一个圈子的人会经常聚在一起聊天。这个时候，身份特殊或相对显赫的人自然很容易成为"意见领袖"。所以，要想增加粉丝，首先得提高自己的地位。

7．善于回复粉丝的评论

卖家要经常查看自己粉丝的评论，并积极和粉丝互动，以拉近和粉丝之间的距离。如果卖家想获取更多评论，就要以积极的态度去对待评论，回复评论也是对粉丝的一种尊重。

8．掌握发布广告的技巧

有的微博账号天天发布大量商品信息或广告宣传等内容，没有自己的特色，就很难吸引粉丝关注。

卖家在发布商品信息时，措辞尽量含蓄，尽可能把广告嵌入有价值的内容里。这样既能起到宣传商品的作用，又能为粉丝提供有价值的内容，而不会让粉丝感到厌恶。这样的广告具有一定的隐蔽性，所以转发率更高，营销效果也更好。

9. 关注竞争对手

卖家要多关注竞争对手的动态，设法从竞争对手那里发现目标用户。例如，可以直接关注竞争对手的微博，多与其粉丝进行互动，并建立长期的信任关系，从而将竞争对手的粉丝转化成自己的粉丝。

8.1.3 微博活动的策划

相信做过微博运营的人都明白，一个好的微博账号需要有大量的粉丝来支撑。新开通的微博账号如何做才能快速涨粉呢？除了要有优质的内容，还要有微博活动。好的微博活动可能会在一夜之间为账号增加上万个粉丝。微博活动看似简单，卖家如果没有丰富的经验和专业的团队，想做好是非常困难的。下面介绍有关微博活动策划的内容。

1. 策划微博活动的注意事项

（1）确定主题：微博活动的主题应该明确且具有吸引力，能够激发目标用户的兴趣和参与度。主题应与品牌定位和目标用户的兴趣相契合。

（2）明确目标：策划微博活动时，卖家需要清楚地知道自身商品的潜在目标用户，明确本次活动针对的是哪些目标人群。只有明确了目标人群，卖家才能进行活动的策划及工作的开展。

（3）制订方案：一个详细、清晰的方案是微博活动顺利开展下去的基础以及按照详细步骤执行下去的关键。可以说，方案关乎微博活动最后所取得的成效，所以卖家必须谨慎制订。

（4）制定宣传语：宣传语是引起目标用户兴趣的重要因素，所以卖家要制定简单清晰、让人难忘的宣传语。

2. 微博活动规则不能要求太多

参与方式比较复杂或者设置的门槛过高，对于微博活动的传播是非常不利的。例如，某微博活动要求参与者一定满足"@100个好友"或者"粉丝上万"。很多人看到这样的要求就不想参与了。这些不必要的规则/要求，提高了用户参与微博活动的门槛，从而导致一些高质量的微博用户不愿意参与活动。

3. 奖品要有吸引力

卖家可以根据目标用户群体来选择他们比较感兴趣的奖品，可以价值不高，但要足够有吸引力。

4. 推广方式要广泛

活动能达到什么样的推广效果，从根本上取决于活动的推广方式和范围。如果活动只局限于卖家自己的微博范围内，是很难取得好效果的。除了用自己的微博转发，卖家还可以去寻找一些粉丝数较多的微博账号或自己的粉丝来转发，还可以通过官方网站、线下活动等进行宣传。图8-4所示为在（企业）官网添加微博活动信息的示例。

图8-4　在（企业）官网添加微博活动信息

5．微博活动流程要规范

在组织微博活动时，卖家一定要有规范的操作流程，这样才能更有效地实施。例如，发布微博活动内容的时间、粉丝的互动、活动的推广、奖品的获取方式等都要事先规定好。

6．在微博活动完成之后要进行数据追踪和考核

微博活动完成之后，卖家要进行数据的追踪和效果的监测，这是运营过程中必不可少的工作。卖家要将微博活动实施的效果和遇到的问题都记录下来，以便进行数据分析和考核，如粉丝增长量、评论数、转发数等。

7．微博活动后再营销

微博活动结束后，卖家要记得让获奖的粉丝及时分享奖品，对没有获奖的粉丝以及活动的合作者要一并表示感谢。

8-2　短视频
平台推广

8.2　短视频平台推广

在短视频红利爆发的时代，抓住了短视频，就等于抓住了商机。如今，短视频平台推广已经不是少数人的专属，而是卖家必备的一项技能。下面介绍几个常见的短视频推广平台。

📖 知识拓展

短视频＋电商：视频内容电商促进销售

通过"短视频＋电商"的形式，卖家可以直观地展示商品的特点和使用方法，激起买家的购买欲望。短视频平台提供了直接跳转至商品购买界面的功能，使买家通过点击链接可跳转至商品购买界面直接购买商品。

视频内容电商是一种较为新型的电商销售模式，是指在如今的新媒体时代，卖家通过传播带有商品信息的视频内容精准地触达目标用户，激发用户的购买欲望，从而实现用户购买转化的一种模式。

视频内容电商的实质是"视频+电商"。根据平台定位，视频内容电商可分为"电商平台+视频内容"和"内容平台+电商视频"。

（1）"电商平台+视频内容"，如淘宝、京东、唯品会等典型电商平台，通过加入商品短视频内容吸引流量、挖掘存量。作为载体，短视频可以为买家提供更为真实、直观的信息，从而帮助买家快速了解商品，并从感情层面激发其购买欲望。

（2）"内容平台+电商视频"，如抖音、快手、小红书等短视频平台，通过在短视频内容中加入电商链接为平台带来变现渠道，推动短视频平台的价值转型。

8.2.1 抖音推广

抖音是一款可拍摄短视频的音乐创意短视频社交软件，是一个专为年轻人打造的音乐短视频社区平台。在这个平台上，用户通过选择音乐、拍摄短视频来完成自己的作品。抖音还集成了镜头、特效、剪辑等功能，以尽量减少对短视频进行后期处理而导致的流量转移。图8-5所示为抖音界面截图。

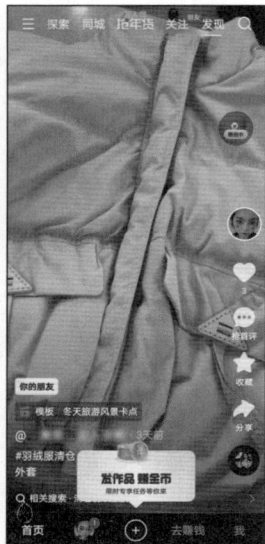

抖音于2016年9月上线，之后不断提升用户体验，增加新的功能，抓住时下热点，让用户始终保持新鲜感，同时也诞生了一批抖音达人。这些达人不仅给抖音提供了各类丰富多彩的短视频内容，也通过抖音改变了自己的生活。抖音采用去中心化的分发逻辑，首先从小流量池开始给所有用户推荐短视频，接着选取流量较大的短视频，为其分配更大的流量池，最后把平台优质的内容推荐到首页。这种基于内容质量的分发逻辑很容易产生头部效应，因为名人拥有大量的粉丝，他们创作的短视频质量也比较好，所以最容易也最早被用户看到。

8.2.2 快手推广

快手最初是一款处理图片和视频的软件，后来转型为短视频社区。快手强调人人平等，是一个面向所有普通用户的平台。快手界面截图如图8-6所示。

图8-5 抖音界面截图   图8-6 快手界面截图

快手算法以去中心化的方式为主,既保证了优质商品的不断曝光,又沉淀了一个具有很强社交关系的网络,构成了一个个相对独立的小社群。快手提出"三个大搞",即大搞信任电商、大搞服务商、大搞品牌,引导品牌适应快手以信任为基础的电商生态。快手独特的以信任为基础的电商生态及持续扩容的平台流量为电商业务的高质量拓展提供了基础支撑,用户体验的不断提升进一步助力其购物决策转化及黏性的增加。

与抖音相比,快手是基于信任关系建立的短视频社交平台,而信任关系是商品交易的基础。快手就像一个"老铁"文化社区,使人与人之间沟通顺畅,社会关系紧密。快手的"老铁经济"创造了一个又一个带货神话,那些喜欢看评论、与主播互动的快手用户给快手电商带来了较多的转化。

真实性是新媒体内容的基础。无论是文字、图片还是视频,真实的内容才能引起用户的共鸣。对于短视频来说,真实更是至关重要。如果视频中的内容是虚构的,或者夸大其词,那么用户就会反感,甚至会对短视频账号的人品有所质疑。因此,卖家在策划短视频推广内容时,一定要保证内容的真实性。

8.2.3 小红书推广

小红书的最初定位是女性社交内容种草平台,天然具有很强的社交种草和笔记的基因,主要以图文和短视频的形式记录生活和日常分享。

小红书以前承载着许多种草环节,加入直播功能后,可以直接形成从种草到拔草的闭环。种草是小红书最常见、最基本的方式。所谓种草,就是用户首先与他人分享,对商品、景区、电视剧、电影等的消费体验有一定的了解,然后在受到这样的心理影响后进行消费。也就是说,用户要想在小红书种草后获得满意的结果,就必须回到现实生活中去体验,即去拔草。这样消费链才能形成完整的闭环。在小红书的系统内,闭环过程可以让用户一步到位。可以这么说,小红书凭借丰厚的流量红利将种草化于无形。

小红书的互动性很强,用户可以通过发布视频与图文、关注发布者等方式与他人进行交流。图8-7所示为小红书笔记,各用户之间的黏性很强,关联度很高。好友推荐或平台"种草"可以增强用户对商品的信任度,易于成交。小红书商城正是通过社交方式引导用户到商城,实现社交电商的。

图8-7 小红书笔记

小红书的算法机制包括两个方面：推荐机制和权重机制。和其他短视频平台有所不同的是，小红书在对内容进行推荐之前多了一个环节——收录，只有被小红书成功收录的笔记才有可能获得推荐，反之则是无法进入推荐环节的。

> **提示与技巧**
>
> 影响笔记是否被平台收录的因素主要有：用户画像、推荐算法、标签系统、人工审核。如果发现自己的笔记未被平台收录，可以从这几个因素进行筛查。

8.3 微信推广

现在越来越多的卖家借助微信进行推广。下面介绍微信推广的方式。

8.3.1 微信朋友圈推广

随着微信的用户增加，影响力不断提高，微信朋友圈也成了重要的推广入口。利用微信朋友圈进行推广，可以不受时间、地点的限制。微信朋友圈推广主要靠互动。微信朋友圈的互动包括点赞、评论、回复、转发等方式。

下面介绍微信朋友圈互动推广的技巧。

1. 常规互动

（1）卖家应及时回复朋友圈好友的评论。

（2）卖家应主动为微信朋友圈好友发布的文章点赞，如图8-8所示。

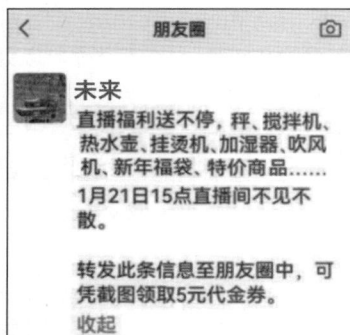

（3）卖家应主动参与微信好友发起的活动。图8-9所示为微信朋友圈好友发起的活动。

图8-8 主动为微信朋友圈好友发布的文章点赞　　图8-9 微信朋友圈好友发起的活动

2. 游戏互动

（1）卖家应设置一些营销互动游戏，如拆礼盒、一站到底、鹊桥相会等。

（2）卖家应多关注小游戏，遇到好玩的游戏时第一时间分享至微信朋友圈，晒晒自己的战绩，与朋友互动。

（3）自由发挥类。有条件的卖家还可以组织有奖竞猜活动或抽奖活动，这样的游戏互动效果非常好，如图8-10所示。

3. 鼓励买家分享

卖家可以通过一定的激励方式，鼓励买家分享转发，这样可以获得更多曝光量。图8-11所示为卖家发布的促销信息。

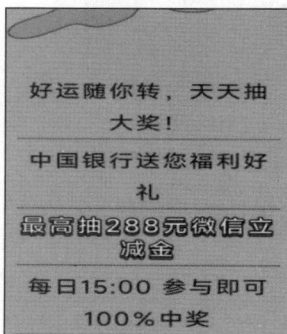

图8-10 抽奖活动　　　　　图8-11 鼓励买家分享

4．引出讨论话题

卖家采用直接刷屏的方式推销，会引起朋友反感，因此可以先设计一个话题，让大家讨论，从而引起更多人的兴趣。

例如，做护肤类产品的卖家在秋冬季可以发一条朋友圈，设计一个话题：秋冬季补水为什么会过敏？有了话题后，要发动尽可能多的人参与讨论，只有有人参与，才可能有成交。

5．增进关系

增进关系的方法主要有以下两种。

（1）培育消费达人、买家代言人等关键"意见领袖"，可以让其参与新品上市测试、线下活动内测等，一方面增强买家黏性，另一方面增进卖家与买家的关系。

（2）鼓励买家积极反馈，在商品包装中设置相关调研二维码，在朋友圈中进行必要的调研或问卷，积极听取买家的意见、建议，以便更好地改进商品及提供优质服务。

6．发布生活点滴

生活中的点滴，如果能够加以利用，在合适的时间和合适的地点发布到微信朋友圈，也能够增加流量，从而提高微信朋友圈的活跃度。

8.3.2　微信群推广

微信群是腾讯公司推出的微信多人聊天交流工具，是微信用户在大量碎片化的时间里聚集形成的社交化社区。微信群多是由一群具有共同价值观、共同需求以及共同目标的人组合而成的聚合体。卖家如果可以利用好微信群，并通过发布优质内容、群福利、线上讲座活动等方法进行针对性的商品信息推广和促销活动，就可以使自己的业绩获得提高。图8-12所示为利用微信群营销推广。

当然，卖家如果想要利用微信群进行推广，是需要下一番功夫的。卖家要想方设法留住群成员，可以从以下几个方面来做。

（1）每天打招呼，让群成员产生亲切感。卖家只有在群里经常关心自己的群成员，让群成员体会到温暖，群成员才会继续留在这里。反之，如果群里很安静，群成员就会越来越少。

（2）热门话题是微信群活跃的根本。一个有话题的微信群，才能产生讨论。

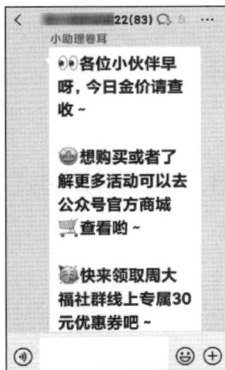

图8-12　利用微信群营销推广

卖家应该多在微信群里发一些热点类话题和干货文章。因为热点类话题很容易引发持续性的讨论，而干货文章则会吸引大量群成员的关注，二者都可以起到提高活跃度的作用。

（3）定期发福利。要想更好地留住群成员，提高群的活跃度，一定的福利是必需的，如在群里发红包、代金券等。微信红包是微信群互动的催化剂，是维护微信群的必备工具。卖家可以用发微信红包的方式来聚合群成员，促进群成员之间的交流。

8.3.3　微信公众号推广

微信公众号文章可以把商家想说的话用推销感不强烈的方式表达出来，形成口碑效应，进而吸引粉丝传播卖家品牌，增加卖家知名度，提升品牌影响力，方便卖家开展网络营销工作。众所周知，在微信公众号强推广告会引起微信用户不满，那么如何在微信公众号文章中植入广告呢？

1. 段子植入

幽默有趣、充满人生感悟的段子会令人心情愉悦，因此卖家把广告植入比较受欢迎的段子中，会受到微信用户的青睐。

2. 故事植入

卖家讲述发生在企业的故事或者创业故事，会让微信用户感受到卖家的企业文化氛围。卖家围绕植入的广告讲故事，尽管微信用户可能会意识到这是广告软文，但是如果故事新颖，微信用户还是愿意读完。图8-13所示的公众号文章就采用了故事植入的方式。

3. 图片植入

卖家可以在文章开头插入美观的商品图片，从而产生自然的营销效果；也可以插入与卖家所宣传的信息相关的图片，使品牌与微信用户的兴趣牢牢地结合在一起。图8-14所示的公众号文章就采用了图片植入的方式。

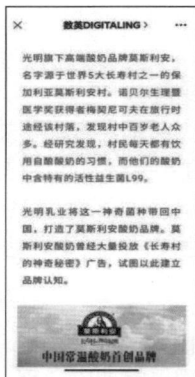

图8-13 故事植入　　　图8-14 图片植入

4. 以标题关键词形式植入

在标题中植入关键词，这类植入方式尽管没有太多地涉及商品信息，但是关键词及内容多带有商品、商标或企业名称。这既能传达一种理念，又能达到被搜索引擎收录的效果，如图8-15所示。

5. 用户体验式植入

人们会在微信朋友圈里记录自己的生活经验和感受，这些内容中经常会涉及自己使用的商品，而这些体验与使用经验能形成口碑效应。如果卖家发起活动，让微信用户主动讲述自己使用商品的体验并给予奖励，那么就可以促使微信用户向朋友传播品牌或商品。

6. 硬性广告植入

卖家采用硬性广告植入的方式，在文章的末尾添加联系方式，如添加电话、嵌入微信公众号或视频号，以及嵌入品牌Logo、抖音账号、小红书账号、微博账号等，如图8-16所示。

图8-15 以标题关键词
形式植入　　　图8-16 硬性广告植入

7. 视频植入或语音植入

卖家可以在公众号软文中加入一段视频或语音（请艺人来录制，也可以请企业的董事长或总经理来录制），以传播企业文化、品牌或商品。图8-17所示为视频植入。

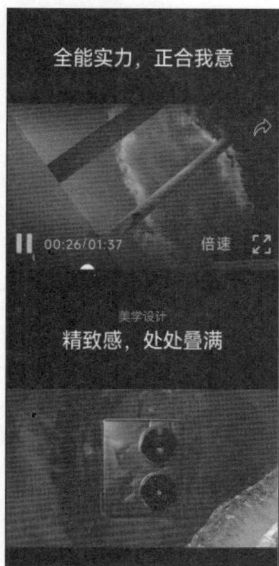

图8-17　视频植入

8.3.4　微信视频号推广

微信视频号依靠微信强大的用户流量，已经逐渐发展成一个依托于微信社交生态的全新短视频平台。其具有私域流量优势明显、用户定位精准、转化率高等特点。相比而言，微信视频号的优势就在于和微信生态紧密相连，可以通过一系列手段实现"强触达""长复利"。

微信视频号位于微信中"发现"界面"朋友圈"的下方。在微信推出的各项功能中，微信视频号的位置高于"扫一扫"，仅次于"朋友圈"。可见微信对微信视频号非常重视。

微信视频号作为微信生态的一部分，是微信社交、内容以及商业化的交汇点。从推出之日起，它便得到了微信的全面扶持，与微信聊天、社群、朋友圈、搜一搜、看一看、公众号、小程序、小商店等功能打通，这也使得流量在整个微信生态内真正流转起来。图8-18所示为利用微信视频号推广的截图。

如果发布的视频内容足够优质，并有大量的用户点赞和评论，甚至主动转发到朋友圈或微信群，那么该微信视频号就有更大的概率得到算法的主动推荐，从而在更大的范围内传播。

图8-18　利用微信视频号推广

案例分析

罗莱家纺通过微信营销

为给用户打造全新的购物体验，罗莱家纺早在2013年下半年就已开始探索线上、线下"触合点"，一直在直营店测试二维码营销模式的可行性。消费者只需要通过微信扫描商品二维码即可足不出户掌握第一手商品优惠信息及罗莱家纺的活动信息，满足自身对商品线和信息获取的需求。消费者也可以通过微信支付，享受预留商品的权利，免除在实体店排队购买的麻烦。

在线上交易阶段，消费者既可以通过在互联网上获取关于商品或活动的信息，也可以通过其他消费者的真实评价决定是否购买，还可以直接通过罗莱家纺官方微信即时咨询相关问题，获得良好的售前体验；若是看中某件商品，线下实体店就会为消费者准备真实的感官体验信息，消费者可择日到离自己最近的门店享受罗莱家纺的"专属顾问服务"；通过微信二维码与专属顾问进行关联，届时导购人员将根据消费者的需求帮助消费者挑选适合的商品，为消费者提供有价值的参考。

根据以上材料，分析以下问题。

1. 假如你是一位企业市场部经理，你会选择微信营销吗？为什么？
2. 你关注了哪些微信公众号？其中有哪些是你留意了半年以上的？为什么？
3. 罗莱家纺是如何通过微信营销的？

实战演练

8-3 在微博发布头条文章推广商品

实战演练一：在微博发布头条文章推广商品

在微博发布头条文章推广商品比较简单，在首页的编辑框里找到头条文章，单击进入就可以发布文章了。和其他新媒体平台一样，卖家需要写好标题、正文内容。本实战演练介绍如何在微博平台发布头条文章推广商品，其具体操作步骤如下。

（1）进入微博官网，单击"立即登录"按钮（未注册的需要先注册），如图8-19所示。

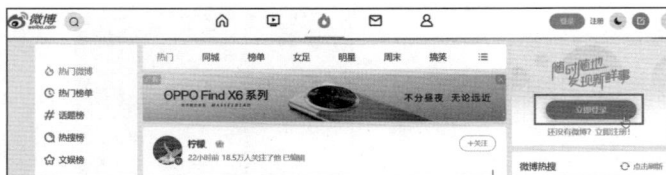

图8-19　单击"立即登录"按钮

（2）在打开的账号登录界面中，输入账号和密码，并单击"登录"按钮，如图8-20所示。
（3）进入个人微博页面，然后单击"头条文章"，如图8-21所示。

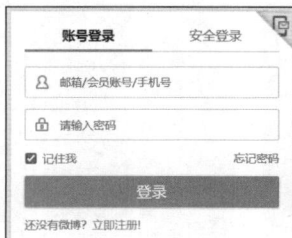

图8-20　账号登录

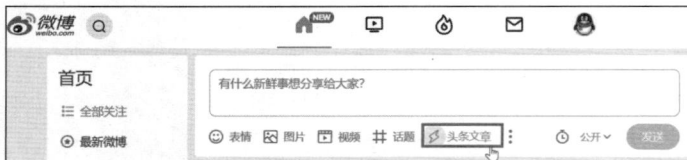

图8-21　单击"头条文章"

（4）在打开的页面中输入文章内容，包括文章标题、正文，并设置封面，"其他设置"默认选中"仅粉丝阅读全文"，如图8-22所示。

图8-22　输入文章内容

（5）在微博头条文章中不仅能发布文字，还能插入图片，与纯文字的短微博相比，图文结合的微博文章更加符合用户的阅读特性，且应用范围更广。插入图片的操作方法如图8-23所示。

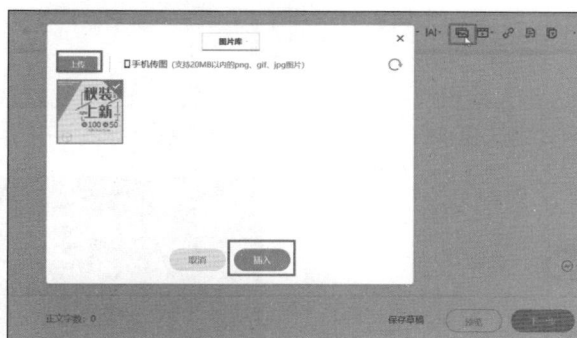

图8-23　插入图片

（6）在微博头条文章中还能插入卡片，包括作者卡、插入电影、插入视频、插入商品、插入专栏、插入内容等多媒体元素，如图8-24所示。所有操作完成后，单击"下一步"按钮，就可以发布文章了。

图8-24　插入卡片

实战演练二：开通快手直播推广

开通快手直播推广的具体操作方法如下。

（1）打开并登录快手App，点击"≡"按钮，在打开的侧边栏中点击"设置"，如图8-25所示。

（2）进入"设置"界面，选择"开通直播"选项，如图8-26所示。

（3）打开"实名认证"界面，输入真实姓名和证件号码，选中底部的"已阅读并同意 相关协议"单选按钮，点击"同意协议并认证"按钮，如图8-27所示。

图8-25 点击"设置"

图8-26 选择"开通直播"选项

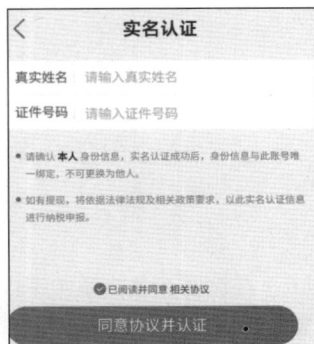

图8-27 点击"同意协议并认证"按钮

（4）在打开的界面中进行人脸识别，提示"已通过"后，点击"我知道了"按钮，如图8-28所示。进入聊天室，点击"开始聊天直播"按钮即可开通快手直播，如图8-29所示。

图8-28 点击"我知道了"按钮

图8-29 点击"开始聊天直播"按钮

课后习题

一、填空题

1. 快手算法以_____的方式为主。

2. 小红书的算法机制包括两个方面：＿＿＿＿＿＿和＿＿＿＿＿＿。

3. ＿＿＿＿＿＿依靠微信强大的用户流量，已经逐渐发展成一个依托于微信社交生态的全新短视频平台。

4. 常见的短视频推广平台有＿＿＿＿＿＿、＿＿＿＿＿＿、＿＿＿＿＿＿。

二、思考题

1. 微博推广有哪些特点？

2. 常见的微博引流方式有哪些？

3. 微信朋友圈互动推广的技巧有哪些？

4. 如何在微信公众号中植入广告？

任务实训

下面讲述微信推广的方法，通过具体的任务实训来加深读者对网店站外推广的认识和理解。

一、实训要求

对比微信朋友圈推广、微信群推广、微信公众号推广、微信视频号推广的不同特点，选择适合自己的微信推广方式。

二、实训步骤

1. 利用微信朋友圈，通过发布朋友圈动态，向好友宣传推广商品或服务，定期推出优惠活动，吸引更多人关注和参与。

2. 利用微信群，并通过发布优质内容、群福利、线上讲座活动等方法进行有针对性的商品推广和促销活动。

3. 通过微信公众号，定期发布商品相关内容，在微信公众号文章中植入广告，吸引粉丝关注并传播推广商品信息。

4. 利用微信视频号，发布内容足够优质的视频，提高视频号的曝光率，积极与粉丝互动，增强粉丝黏性，提高转化率。

第 **9** 章

网店客服与物流管理

好的网店客服会带给买家非常好的购物体验，可能使这些买家成为网店的忠实用户。而后期的物流管理，也会影响买家对网店的忠诚度，所以两者都是卖家需要重视的。

学习目标

知识目标		
	☑	熟悉网店客服的相关内容
	☑	熟悉客户关系管理的相关内容
	☑	熟悉物流管理的相关内容
技能目标	☑	掌握网店客户服务的流程
	☑	掌握阿里店小蜜的使用方法
	☑	掌握商品的包装方法

9.1 网店客服概述

网店客服是指在开设网店这种新型商业活动中，充分利用网上各种及时通信工具，为买家提供相关服务的人员。在网店经营中，网店客服是必不可少的重要角色。因为网店客服代表网店的品牌形象，能够与买家直接沟通，能给买家带来更好的沟通体验。

客服的主要工作内容包括以下几个方面。

（1）接待买家。每天通过千牛等聊天工具与买家进行线上沟通。

（2）销售商品。根据掌握的商品知识，结合买家的自身需求，运用适当的销售技巧，把商品成功地销售给买家。

（3）解决问题。从专业的角度，为买家解决商品问题、支付问题、物流问题以及在交易过程中遇到的其他问题。

（4）进行相关操作。包括交易管理、物流管理和宝贝管理等操作。

（5）收集买家信息。对买家的一些特征信息进行收集、整理，为网店客户维护和营销活动的开展提供可靠的信息依据。

（6）收集与反馈问题。对买家提出的有关商品/服务等方面的意见和建议进行收集整理，并反馈给网店决策者。

（7）定期或不定期进行买家回访，以检查客户关系的维护情况，建立客户档案、质量跟踪记录等售后服务信息管理系统，发展并维护好客户关系。

> **💡 提示与技巧**
>
> 为了更好地完成工作任务，网店客服还需要完成一些辅助性工作，如每日工作日报、参加相关培训等。

> **📖 知识拓展**
>
> **客服要学习并遵守平台规则**
>
> 平台规则是平台对卖家进行监控和管理的重要凭据，如果所有卖家都不按照平台规则办事，平台就会变得混乱不堪，买家的合法权益也无法得到保障，并且一些卖家可能因此遭受不公平的待遇。
>
> 遵守平台规则对于网店的日常运营来说是非常重要的，一旦违规，网店就会被扣分、处罚，严重的会在一定时间内被限制发布商品、屏蔽店铺、被限制交易、被限制参加平台营销活动，更严重的会被查封账户。因此，网店客服在上岗前一定要对平台规则进行培训学习，了解平台的规则，以免影响网店的运营，必要时可以将平台规则制作成文档，以便在工作中随时查询。卖家想要在电商赛道运营长久，必须遵纪守法。

9.2 网店客服流程

一般来说，小规模的网店中网店客服常常一人身兼数职，并没有对客服工作严格细分。但对大中型网店而言，其订单多、工作量大，如果客服工作没有进行流程化、系统化的安排，则很容易出错。因此，大中型网店对网店客服进行了明确的分工，一般会将网店客服分为售前客服、售中客服和售后客服，以便网店客服各司其职，有条不紊地开展工作。

9-1 网店客服流程

9.2.1 售前客服

售前客服主要从事引导性的工作，如回答买家对商品的咨询，从买家进店咨询到拍下商品付款的整个环节都属于售前客服的工作范畴。售前客服的工作内容主要包括售前准备、接待买家、推荐商品、解决疑问、引导下单、欢送买家等。

（1）售前准备。售前准备工作主要包括熟悉商品的相关信息和网店活动、熟练掌握沟通工具的使用方法、了解平台规则和相关注意事项3个方面的内容。

（2）接待买家。接待买家工作贯穿售前客服的整个工作过程，售前客服应该做好随时接待买家的准备，并在接待买家的过程中时刻提供热情、耐心、周到的服务。售前客服要反应及时，热情、周到地回答买家的问题，应多使用语气词来调节气氛。

（3）推荐商品。当买家咨询相关商品时，售前客服要从买家的提问中主动挖掘买家的需求，专业、耐心地解答买家提出的问题，同时主动向买家推荐合适的商品，以商品的卖点激发买家的购物欲望。

（4）解决疑问。当买家遇到疑难问题时，售前客服要借助自己的专业知识进行处理，并始终保持热情、耐心的态度。

（5）引导下单。当买家犹豫不决时，售前客服要采用促销等手段来引导买家快速下单。

（6）欢送买家。在买家购物完成后，售前客服要向其表示感谢。

9.2.2 售中客服

售中客服的工作集中在买家付款到订单签收的整个时间段。售中客服一定要做好与售前客服的工作交接，防止订单错乱的情况发生。售中客服的工作内容包括订单确认及核实、装配商品并打包、发货并跟踪物流、提醒买家及时收货等。

（1）订单确认及核实。在买家下单后，售中客服要第一时间与买家确认订单信息，保证买家填写的信息正确，降低订单出错的概率。若发货后买家才发现收货地址有误，售中客服应第一时间与快递公司联系并修改收货地址，以确保商品被及时送到买家手中。

（2）装配商品并打包。核对订单无误后，售中客服应尽快装配商品并打包，做好商品的发货准备工作。打包时要仔细检查商品与包装，同时要细心核对买家信息，还要特别关注买家备注的信息，打包一定不要遗漏。

（3）发货并跟踪物流。售中客服装配好商品与打包后应及时发货，并需要在发货后实时关注商品的物流状态。

（4）提醒买家及时收货。当商品运输到买家所在的城市后，售中客服可以以短信或千牛消息的形式通知买家商品已经到达其所在城市，将马上进行配送。当快递公司完成配送后，售中客服还要提醒买家及时确认收货，完成交易。

9.2.3 售后客服

售后服务质量是衡量网店服务质量的一个很重要的指标。好的售后客服不仅可以提升网店的形象，还能留住更多老客户。售后客服工作内容主要包括退换货、投诉处理，买家反馈处理和买家回访等。

（1）退换货、投诉处理。当买家提出退换货请求时，售后客服首先要了解买家退换货的原因。若是因为商品质量方面的原因，要及时同意买家的请求并详细告知买家退换货的流程和注意事项，保证买家利益不受损。当接到买家的投诉时，售后客服切勿与之发生争吵，应先了解买家投诉的原因，初步给予买家一个有关处理方案的答复或承诺，然后查询投诉处理标准，制订处理方案，并及时向买家反馈处理意见。

（2）买家反馈处理。当买家收到商品后，在使用商品的过程中可能会出现某些问题，此时买家一般会找到售后客服进行反馈，或直接在评论中进行反馈。若买家找到售后客服进行反馈，售后客服一定要认真对待，先安抚买家的情绪，再根据实际情况进行处理，优先考虑买家的利益。

（3）买家回访。售后客服还有一项重要的工作就是回访买家。回访买家可以增强买家黏性，加深买家对网店的印象。常用的回访方式有发短信、发邮件、发千牛消息等。同时，售后客服要注意回访的内容，可以简单告知买家网店的最新活动，也可以邀请买家参加网店的商品质量调查等。

9.3　智能客服

智能客服通过创新和使用客户知识，帮助卖家优化与客户关系。目前已经有很多网店使用了阿里店小蜜人工智能客服。从服务效率方面来看，相较于人工客服，阿里店小蜜人工智能客服的接待速度更快，客户体验更好。

9.3.1　智能客服概述

智能客服是在大规模知识处理基础上发展起来的一项面向多数行业的应用，适用于大规模知识处理、自然语言理解、知识管理、自动问答系统、推理等行业。它不仅能为卖家提供知识管理技术，同时还能够为卖家提供精细化管理所需的统计分析信息。

智能客服的作用主要如下。

（1）自动回复。在店铺促销期间，如果咨询的买家太多，会导致客服应接不暇，开通智能客服后，则可以自动回复买家，提高效率。

（2）及时响应，避免买家流失。如果客服回复不及时，有的买家可能会等不及，改去别的店铺购买，或者因感觉到被怠慢而生气。开通智能客服后，会第一时间回复买家，减少买家流失。

（3）智能推荐。通过智能客服大数据，卖家可以实时分析买家行为，挖掘买家的潜在购买意愿，自动为买家智能推荐其他搭配商品。还可精准进行买家分层，为高购买意愿买家提供精准营销。

（4）夜间值守。若夜间无人值班，网店生意可能会白白流失。开通智能客服后，卖家无须晚睡早起也能及时回复买家咨询，能够抓住更多的销售转化机会。

（5）解放人力。很多买家都会问一些基础性的服务问题，如果买家重复性问题问得太多，则会导致客服资源浪费，无力服务关键买家。开通智能客服后，卖家可以节省实际接待人力成本，聚焦关键买家，提升服务质量。

9.3.2　智能客服系统

卖家在智能客服系统中可以设置知识库。知识库是智能客服系统的大脑，每一个问题分类下涵盖了买家成千上万种问法，这是智能客服能轻松应答的秘诀。知识库包含了行业知识库、常用语、通用问题、自定义问题等，卖家可以不断丰富、补充。通过智能客服系统，卖家可以全方位进行智能客服数据分析，包括客服接待数据、售前咨询转化率数据，智能客服应答效果一目了然。

阿里店小蜜是阿里巴巴为网店卖家提供的智能客服系统，能够实现自动回复买家商品属性、购买咨询、大促活动、订单咨询等高匹配度的问题，并实时精准洞察买家购买意愿，个性化推荐商品与卖点，在大促期间能极大限度地解放客服人力，让人工客服可以有更多精力处理买家个性化的问题。智能辅助模式还提供智能预测、主动营销、智能催拍等功能，成为服务卖家的利器。本章所讲的智能客服系统主要以阿里店小蜜为例。

首次使用阿里店小蜜的卖家，需要在千牛工作台搜索框中搜索"阿里店小蜜"，如图9-1所示，打开阿里店小蜜首页，如图9-2所示。

图9-1　搜索"阿里店小蜜"

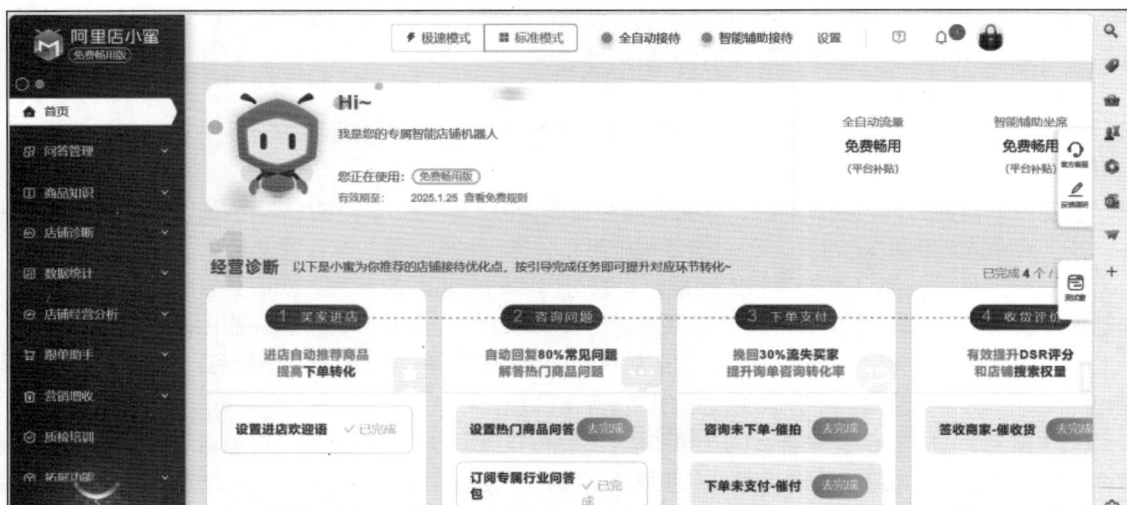

图9-2　阿里店小蜜首页

9.3.3　阿里店小蜜的基本功能

阿里店小蜜是一个智能客服工具，淘宝、天猫的卖家都可以申请使用该工具。阿里店小蜜的基本功能主要有以下几个。

9-2　阿里店小蜜的基本功能

1. 跟单助手

跟单助手功能可协助卖家跟进交易的各个关键环节。跟单助手包括很多场景，如"催付"下单未支付、"催付"预售尾款未付、"催拍"咨询未下单等，如图9-3所示。

图9-3 跟单助手

2. 商品知识库

商品知识库相当于阿里店小蜜的商品"智能大脑",里面储存着阿里店小蜜回复买家时使用的商品信息,因此商品知识库的创建和维护对阿里店小蜜的使用来说至关重要。商品知识库的首页如图9-4所示。

图9-4 商品知识库的首页

3. 问题场景训练

问题场景训练功能会根据店铺客服的接待数据,帮助卖家快速补充和丰富商品知识库的答案,或针对已有答案给出优化建议,如图9-5所示。卖家可以通过问题场景训练功能快速了解店铺的高频咨询问题,不需要再逐一浏览客服的聊天记录以获取商品知识库的配置灵感。

图9-5　问题场景训练

　　通过基本的诊断分析，卖家可以看出店铺运营中存在的问题，从而找出问题，解决问题，提高店铺转化率。

4．智能商品推荐

　　智能商品推荐功能用于设置全自动接待和智能辅助接待，如图9-6所示。当买家发来一个商品链接时，阿里店小蜜可以推荐其他搭配商品，建议买家一起购买，这样能够大大增加关联销售，提高全店销量。通过智能客服大数据，卖家可以实时分析买家行为，挖掘买家的潜在购买意愿，自动为买家智能推荐其他搭配商品。

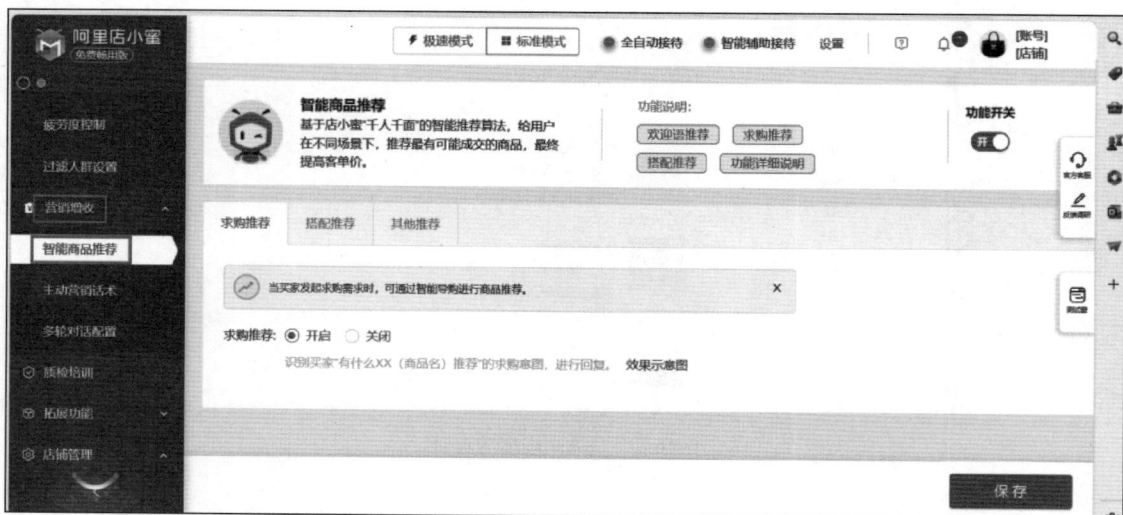

图9-6　智能商品推荐

5．主动营销话术

　　主动营销话术是指阿里店小蜜会在合适的时机针对购买意愿较强的买家，采取智能卖点、历史评价、活动优惠等主动营销话术，以增强买家的购买意愿或者挖掘买家的潜在问题，最终促成交易，如图9-7所示。该功能让阿里店小蜜拥有了主动营销的能力。

图9-7　主动营销话术

9.4　客户关系管理

网店有了源源不断的客户，才会有好的销量，才会发展得越来越好。网店要想拥有更多的客户，就必须重视客户关系管理。

9.4.1　认识客户关系管理

客户关系管理（Customer Relationship Management，CRM）是指为提高客户满意度、客户忠诚度，利用相应的信息技术协调商家与客户在销售、营销和服务上的交互，帮助商家调整其管理方式，向客户提供个性化的交互和服务的过程。其最终目标是吸引新客户、保留老客户以及将已有客户转为忠实客户，增加市场份额，从而提高店铺竞争力。

客户关系管理的核心是客户价值管理，通过"一对一"的营销原则，满足客户不同价值的个性化需求，提高客户的忠诚度和保有率，实现客户价值持续增长，从而全面提升店铺的盈利能力。

客户关系管理不仅是一个软件或者一种制度，它是方法论、软件和计算机技术的综合，是一种商业策略。

网店在客户关系管理的过程中需要解决的问题是：客户购买一次之后再也不光顾了，应该怎么做；节假日大促期间，应当针对老客户做些什么；如何从老客户以往的消费习惯中判断他们喜欢什么；挖掘客户会关联购买的东西是什么。

对于网店的客户，卖家需要了解他们的性别、年龄、收入状况、性格、爱好、购物时间、购买记录等，并进行统一的数据管理，然后才能对他们进行有针对性的关怀和营销。

9.4.2　客户运营平台

网店客户运营平台是网店卖家用来搭建和维护客户关系的。网店卖家使用客户运营平台，可以更加直观地了解客户信息（以图片、表格等形式）、管理客户，方便卖家进一步分析客户需求及对其进行精细化运营。

在千牛工作台搜索框中搜索"客户运营平台"，如图9-8所示。打开"客户运营平台"页面，如图9-9所示。

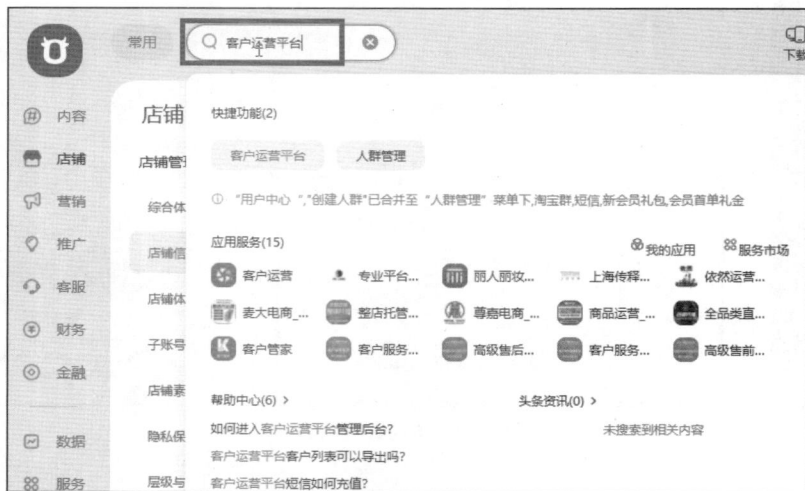

图9-8 搜索"客户运营平台"

图9-9 "客户运营平台"页面

客户运营平台主要有以下功能。

1. 客户管理

通过客户运营平台中的客户列表，卖家可以对客户信息进行深度备注、合理分组，便于日后对客户进行点对点精准管理与高效营销。完整、准确的客户信息是客户关系管理的基础。

打开客户运营平台，单击"客户列表"，打开的页面会按交易时间顺序呈现网店客户名单及其订单信息，并按照"成交客户""未成交客户""询单客户"对客户进行分组，如图9-10所示。

图9-10　客户列表

2．千人千面展示

客户运营平台可以帮助卖家针对新老客户的购物需求或所处地域展示个性化的店铺首页，进而提高成交率。

3．增加客户黏性

卖家应对在店铺中消费过的新客户进行维护，让新客户转变成老客户，再进行老客户维护，增加客户对店铺的信任度和黏性，从而提高店铺转化率。

4．会员制管理客户

会员是品牌高价值、高黏性的核心客户群体。客户运营平台可以帮助卖家根据客户的消费水平和消费频次，对客户进行分组，以便卖家深入管理客户信息和打造会员营销模式。

5．客户分群

客户分群是指依据销售或运营指定的某些条件，将客户划分为不同的客户群体。网店再针对不同的客户群体具体执行不同的运营策略。网店运营需要面向精准的目标人群，目标人群越精准，成交率也就越大。网店运营平台的客户分群系统会自动将网店的重点运营人群分为兴趣人群、新客户人群、复购人群几大类，如图9-11所示。

图9-11　客户分群

9.5 物流管理与商品包装

下面介绍物流管理的相关内容，如物流方式选择、仓储管理、智能物流和商品包装等。

9.5.1 物流方式选择

网店发送货物需要通过物流来完成，物流大体可分为邮政平邮、快递公司和物流托运3种方式。

1. 邮政平邮

几乎每个网店卖家都有通过邮政发货的经历。有的卖家认为邮局平邮单价不便宜，而有的卖家认为邮局平邮非常实惠，而且货物的安全指数也高。

邮政平邮的基本特点如下。

① 邮费单价由邮局统一规定，价格比较低廉。

② 邮寄速度比较慢，但可触达较偏远地域。

③ 对邮寄物品的属性要求比较严格。

④ 安全保障性比较强，服务规范。

2. 快递公司

网店卖家一定都与快递公司打过交道。市场上主要的快递公司有顺丰速运、宅急送、圆通速递、申通快递、中通快递等。卖家在选择快递公司时需要注意以下几个方面。

（1）安全性：因为无论买家还是卖家，都希望通过一种很安全的运输方式把货物送达目的地。如果安全不能得到保障，那么随之而来的将是一连串的问题。所以，卖家一定要选择与一个安全性较高的快递公司合作。

（2）诚信度：选择诚信度较高的快递公司，能够让货物更有安全保障，能够让买卖双方都放心。选择快递公司的时候，卖家可以先在网上看看网友对快递公司的评价。

（3）价格：对于卖家来说，找到一家合适的快递公司并不容易。如果价格比较便宜，则卖家可以节省一笔不小的开支，特别是新开店的卖家。但是卖家也不能一味地追求价格低廉。

所以，卖家一定要多试用几家快递公司，多与其打几次交道，如此才能看出哪家的服务好，哪家的价格更便宜。这样才能让网店的利润更为可观。

3. 物流托运

如果卖家要发出的货物数量比较多，体积比较大，使用邮政平邮或快递公司的价格都会非常贵，这时卖家不妨借助汽车运输货物。如果离买家不远，卖家可以借助汽车托运货物。这种运输方式一般会要求寄送方先付运费。卖家一定要及时通知买家收货，并且在货物外包装上写清收件人联系方式和姓名。卖家在托运前必须严格按照合同中的有关条款、国际货协和议定书中的条项包装并标记货物。距离远的大件货物可使用铁路托运。具体的物流托运方式如下。

（1）汽车托运。运费可以到付，也可以先付。货物到了之后可能还会向收件人收卸货费。一般来说，汽车托运不需要保价。当然，有条件的最好选择保价，保价费一般是货物价值的4‰。收件人的联系方式最好能写两个：一个是手机号码，另一个是固定电话号码，以确保能接到电话通知。

（2）铁路托运。铁路托运一般价格低廉，速度也较快，但是只能将货物送达火车站。运费现付。

具体价格卖家可咨询火车站。货物如果包装得好，一般不会被打开检查，现在工作人员还会为其贴上"小心轻放"的标签。收件人需要凭传真件和身份证提货。

（3）物流公司。物流公司的发货方式与其他托运方式不太一样。其他托运方式一般是点对点的，而物流公司可以将货物转运到一个城市中的几个地点，寄方可选择收件方方便取货的地点。这种送货方式速度慢，中转次数多，因此要求卖家将货物包装好，否则容易造成破损。

9.5.2　仓储管理

在企业物流系统中，仓储管理是一个基本环节，是指对仓库及其库存商品进行管理。仓储管理主要涉及以下工作内容。

1．检验商品

网店发展到一定阶段，都会设立专属的物流部门来对库存商品进行系统化和规范化的管理，或者根据网店的经营特点设计一个ERP（Enterprise Resource Planning，企业资源规划）系统进行管理。ERP系统是一个在全网店范围内应用、高度集成的系统，其中的数据在各业务系统之间高度共享，以保证数据的一致性，可以实现即时交易管理、动态库存管理和财务管理。

当供货商将商品运至仓库时，担任收货工作的人员必须严格、认真地检查，看商品外包装是否完好，若出现破损或临近失效期等，要拒收此类货物并及时上报相关主管部门。确定商品外包装完好后，再依照订货单和送货单来核对商品的品名、等级、规格、数量、单价等内容。

2．编写货号

每一款商品都应该有一个货号，即商品编号，即商品的一个简短说明。编写货号是为了方便卖家进行内部管理。最简单的编号方法是"商品属性＋序列数"，具体做法如下。

（1）将商品分类得到商品属性，如分为耳环、项链、戒指、吊坠等。

（2）针对每一个类别名称的汉语拼音，确定其缩写字母，如"耳环"（erhuan）缩写为EH、"项链"（xianglian）缩写为XL、"戒指"（jiezhi）缩写为JZ、"吊坠"（diaozhui）缩写为DZ等。

（3）每一个类别的序列数可以是两位数或三位数，视该类商品的款式而定，但也要留有发展的余地，因为商品款式可能会越来越多。

如果销售的是品牌商品，厂家一般都有标准的货号，卖家无须自己再编写货号，照标准货号登记即可。但是，卖家需要学会辨认厂家编写的货号。服装类商品因为款式繁多，因此编写货号的规则往往更加复杂。例如，特步的商品每款都有对应的货号，只要了解特步编写货号的规则，卖家看货号就能知道其对应的是什么款式的商品。

3．入库登记

商品验收无误并编写货号后，即可登记入库。在入库时卖家要详细记录商品的名称、数量、规格、入库时间、凭证货码、送货单位和验收情况等，做到账、货、标牌相符。

当商品入库后，卖家还要按照不同的商品属性、材质、规格、功能、型号和颜色等对商品进行分类，然后将其分别放入货架的相应位置存储。在存储时要根据商品的特性，注意做好防潮处理，以保证仓库中货物的安全。在进行入库登记时要保证商品的数量准确、价格无误；当商品出库时，为了防止出库商品出现差错，必须严格遵守出库制度，做到"凭发货单发货，无单不发货"。

9.5.3　智能物流

智能物流利用条形码、射频识别技术、传感器、全球定位系统等先进的物联网技术，通过信息处理和网络通信技术平台广泛应用于物流业运输、仓储、配送、包装、装卸等基本活动环节，实现货物运输过程的自动化运作和高效率优化管理，提高物流行业的服务水平，降低成本，减少自然资源和社会资源消耗。物联网为物流业将传统物流技术与智能化系统运作管理相结合提供了一个很好的平台，进而能够更好、更快地实现智能物流的信息化、智能化、自动化、透明化、系统化的运作模式。智能物流在实施的过程中强调的是物流过程数据智慧化、网络协同化和决策智慧化。

智能物流可以帮助网店提高物流效率，降低成本，提供更好的服务体验。通过智能仓储管理、智能配送网络、智能运输管理、智能售后服务和智能数据分析，网店可以全面打造智能物流系统。未来，随着科技的不断进步和创新，网店将继续探索和应用新的技术，不断提高物流服务水平，满足买家需求。

根据中国物流与采购联合会发布的数据，2016～2020年，我国智能物流市场规模增速均保持在两位数以上，2020年市场规模已接近6000亿元，预计到2025年市场规模超过万亿元。

9.5.4　商品包装

买家收到商品时最先看到的是包装，所以卖家要想给买家留下好印象，就要重视商品的包装。好的商品包装不但能够保证商品的安全，而且能够赢得买家的信任和口碑。

下面介绍一些常见商品的包装方法。

1．礼品饰品类商品

礼品饰品类商品一定要用包装盒、包装袋或纸箱来包装。卖家可以到当地的包装盒、包装袋批发市场挑选，也可以在网上批发。使用纸箱包装时一定要有填充物，这样才能把商品固定在纸箱里，以防物流过程中商品的剧烈晃动。图9-12所示为使用包装盒包装的示例。

图9-12　使用包装盒包装

2．纺织品类商品

如果商品是衣服等纺织品类就可以用布袋包装，并且最好采用白色棉布或其他干净、整洁的布。淘宝网上有专卖布袋的网店。如果家里有闲置的布料，卖家也可以自己制作布袋。包装时，一定要在布袋里加一层塑料袋，以防布袋进水或损坏，从而弄脏商品。当然也可以使用快递专用的加厚塑料袋。这种塑料袋的特点是防水，经济实惠，方便安全，用来邮寄纺织品是个不错的选择。加厚塑料袋如图9-13所示。

图9-13　加厚塑料袋

3. 电子类商品

电子类商品是很精密的商品，因此这类商品需要多层"严密保护"，常会采用纸箱、托盘包装，但纸箱的质量一定要好。图9-14所示为电子类商品采用的纸箱包装。

图9-14　电子类商品采用的纸箱包装

这类商品需要多层"严密保护"。卖家在包装时一定要用气泡膜包裹结实，再在外面多套几层纸箱或包装盒，多放填充物。气泡膜如图9-15所示。提醒买家在收到商品时，应当面检查，确定完好再签收。因为电子类商品的价格一般都比较高，如果出现差错会比较麻烦。

图9-15　气泡膜

4．易碎品

易碎品的包装一直令卖家头疼，这类商品包括瓷器、玻璃饰品、茶具等。通常易碎品外包装应具有一定的抗压强度和抗戳穿强度，以保护易碎品在正常的运输条件下完好无损。

对于这类商品，卖家在包装时要多用些报纸、泡沫塑料或者泡绵、泡沫网，这些东西重量轻，而且可以减轻撞击力。另外，易碎品四周应用填充物充分地填充。这些填充物比较容易收集，如包水果的塑料袋，平时购物带回来的方便袋，还有买电器时的泡沫等。

卖家在这类商品包装外应贴上易碎品标签，提醒快递公司在装卸货过程中小心轻放，避免损坏。图9-16所示为易碎品标签。

图9-16　易碎品标签

5．书刊类商品

书刊类商品的具体包装过程如下。

（1）将书刊用塑料袋套好，以免理货或者包装的时候将书刊弄脏，也能起到防潮的作用。

（2）用报纸中夹带的铜版纸的方式作为第二层包装，进一步加固。

（3）最外层用牛皮纸、胶带进行包装以避免书刊在运输过程中被损坏。图9-17所示为牛皮纸包装。

图9-17　牛皮纸包装

（4）如果选择用印刷品方式走邮局邮寄，用胶带封好边与角后，要在包装上留出贴邮票、盖章的空间；如果选择包裹方式邮寄则要将外表面用胶带全部封好，不留一丝缝隙。

6. 食品

易碎、罐装类食品宜用纸盒或纸箱包装，让买家看着放心，吃着也放心。卖家在邮寄食品之前一定要确认买家的具体位置、联系方式，了解物流时效。因为食品有保质期，其质量还与温度和包装等因素有关，为防止运送时间过长导致食品变质，运送食品时最好使用快递，部分食品还要选择冷链配送。

7. 香水等液体类商品

香水、化妆品类商品一般都是霜状、乳状、水质的，多为玻璃瓶包装，因为玻璃的稳定性比塑料强，可以预防化妆品变质。所以其包装除了结实，确保不易破碎，防止洒漏也是很重要的。卖家最好先找一些棉花把瓶口处包严，用胶带缠紧。然后用气泡膜将瓶子包起来，防止洒漏。最后包一层塑料袋，这样即使出现洒漏也会被棉花吸收并有塑料袋保护，不会污染其他包裹。

8. 大件或贵重物品

对于特别大件或贵重物品常常采用木箱包装，并增加额外的防震措施，如在木箱内放置泡沫、纸屑或其他缓冲材料。

按照上述方法，针对不同的商品，卖家采用不同的包装方法，既能保证商品在运输途中的安全，也能尽量减少在商品包装方面的支出。

📑 **案例分析**

自创品牌在淘宝网上开店

开业不到一年，孙羽宸在淘宝网上的品牌男装店就已经冲到皇冠级别，好评率达99.01%，日均销售男装150余件，年营业额为300万元。

目前，网上大多数的男装店主要有两种经营模式：一类是从各类批发市场淘来无品牌服装，以低价走量；另一类则是做品牌服装的代理，靠差价或品牌商返点盈利。孙羽宸做的却是第三种模式，自创品牌。

孙羽宸注册了自己的男装品牌，通过专门的服装设计师对服装版型、纹样等进行设计，交由代工厂商生产后，利用网络渠道销售。这种模式的优势是商品独特，成本低。在服装设计上，采取原创的形式，不仅要求设计师具备独特的审美眼光，还需要他们勇于创新，巧妙地融合各种元素，设计出别具一格的时尚服装；在生产上，其通过直接以向代工厂商发订单的形式批量拿货。

孙羽宸的网店年营业额是300万元，利润率在20%以上。如此高的利润水平是如何达到的？在研发阶段，孙羽宸主要通过招标的形式一次性付费给设计师。目前，公司的设计师都是一些服装专业的兼职学生，设计成本比较低；在后期展示上，他通过聘请大学生兼职模特进一步降低成本。

除此之外，通过厂家代工，生产成本也很低，这部分成本只占总成本的20%左右。

孙羽宸分享了他选择网络爆款的"5+3+1"模式。所谓"5+3+1"模式，即先推广5个款式的服装，然后根据最后的消费数据，选取3个相对比较好的款式，再根据市场反应，选择最火的一款商品进行再设计，重点加推。孙羽宸提醒广大创业者，利用淘宝网自带的直通车、聚划算等推广工具，既可以使商品冲量，打造出爆款，又可以迅速提高网店的搜索排名，是一种高效、便捷的推广方式。

根据以上材料，分析如下问题。

1. 怎样自创品牌？有哪些优势？
2. 怎样通过网络渠道走货？

实战演练

实战演练一：阿里店小蜜常见问答配置

阿里店小蜜常见问答配置包含更多问题，常见问答配置的具体操作步骤如下。

（1）进入阿里店小蜜的后台管理页面，单击"问答管理"|"常见问答配置"选项，打开"全部知识"页面，找到想要编辑或增加答案的问题，单击"增加答案"超链接，如图9-18所示。

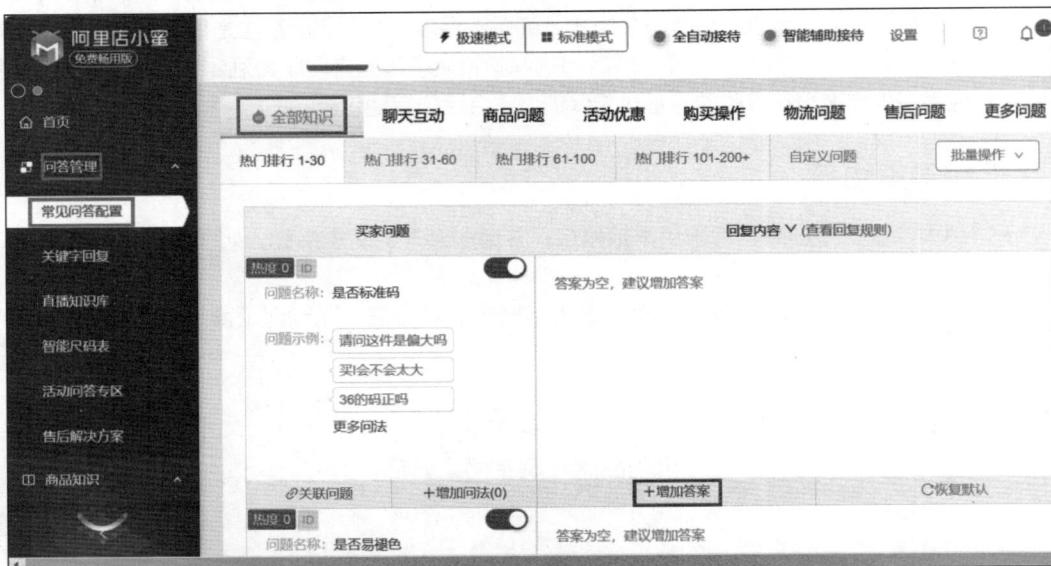

图9-18　单击"增加答案"

（2）进入"答案编辑器"页面，针对买家咨询的问题编写答案，如果有需要还可以添加表情以增强图文的说服力，完成后单击"确认"按钮，如图9-19所示。

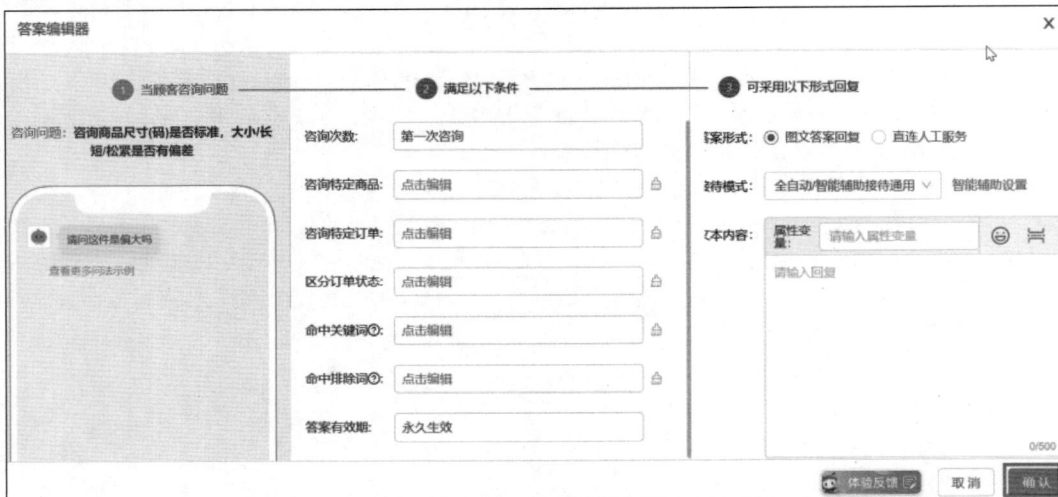

图9-19　编写答案

（3）返回到"全部知识"页面，单击"关联问题"超链接，如图9-20所示。

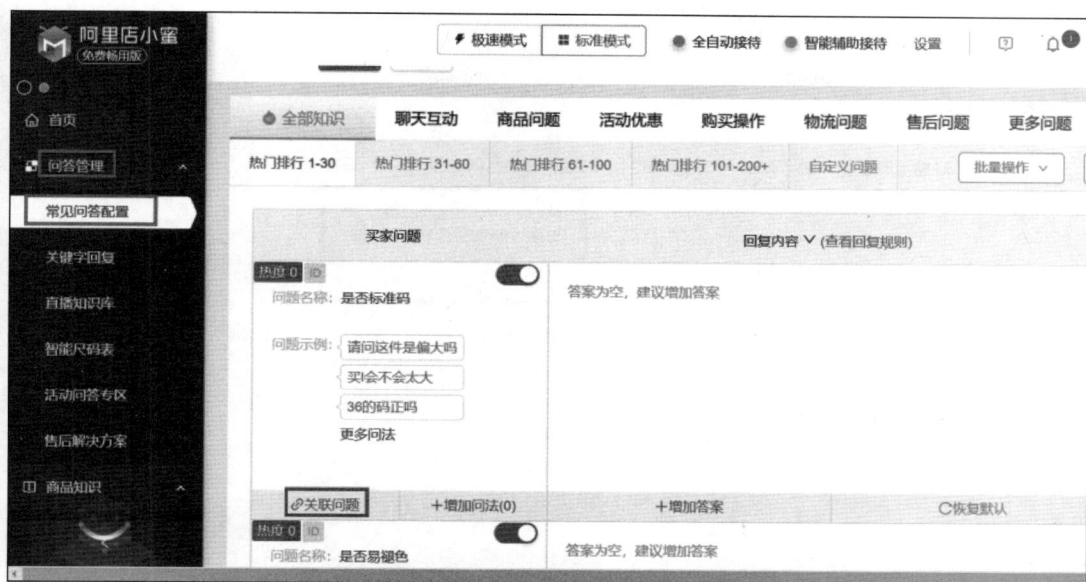

图9-20　单击"关联问题"超链接

（4）进入"关联其他问题"页面，单击"新增关联问题"超链接进行配置，如图9-21所示。最多可以配置5个关联问题。

图9-21　单击"新增关联问题"

（5）通过上一步的单击"新增关联问题"超链接，进入"关联知识编辑框"页面，可以对各类问题进行编辑，完成后单击"确定"按钮，如图9-22所示。

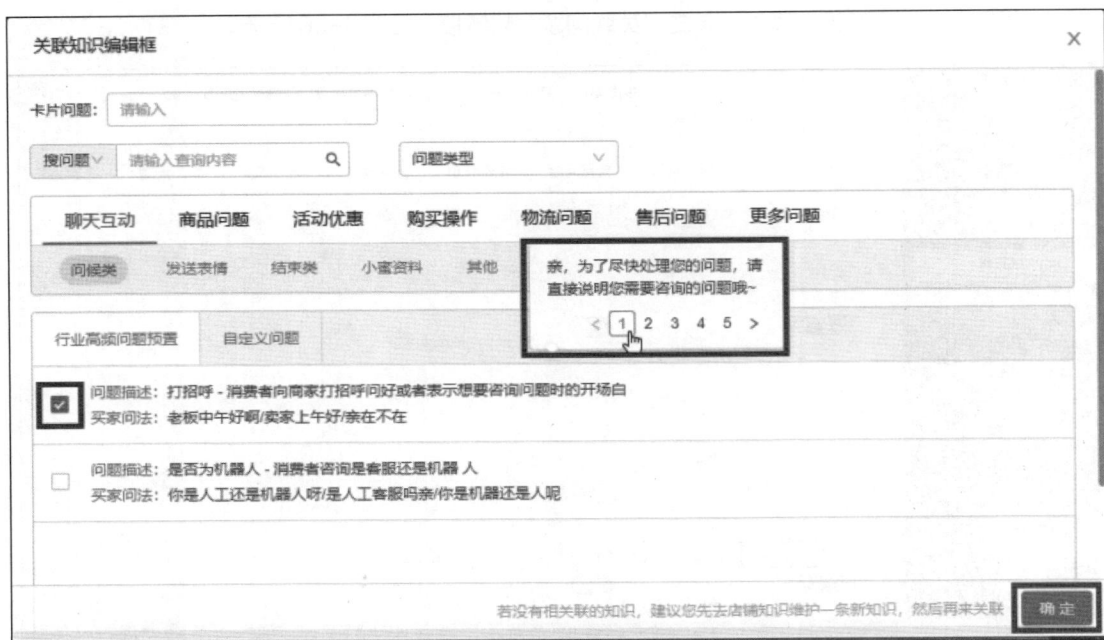

图9-22　编辑问题

（6）添加完问题后，可以选择其中一个问题进行编辑或删除，完成后单击"保存"按钮，如图9-23所示。

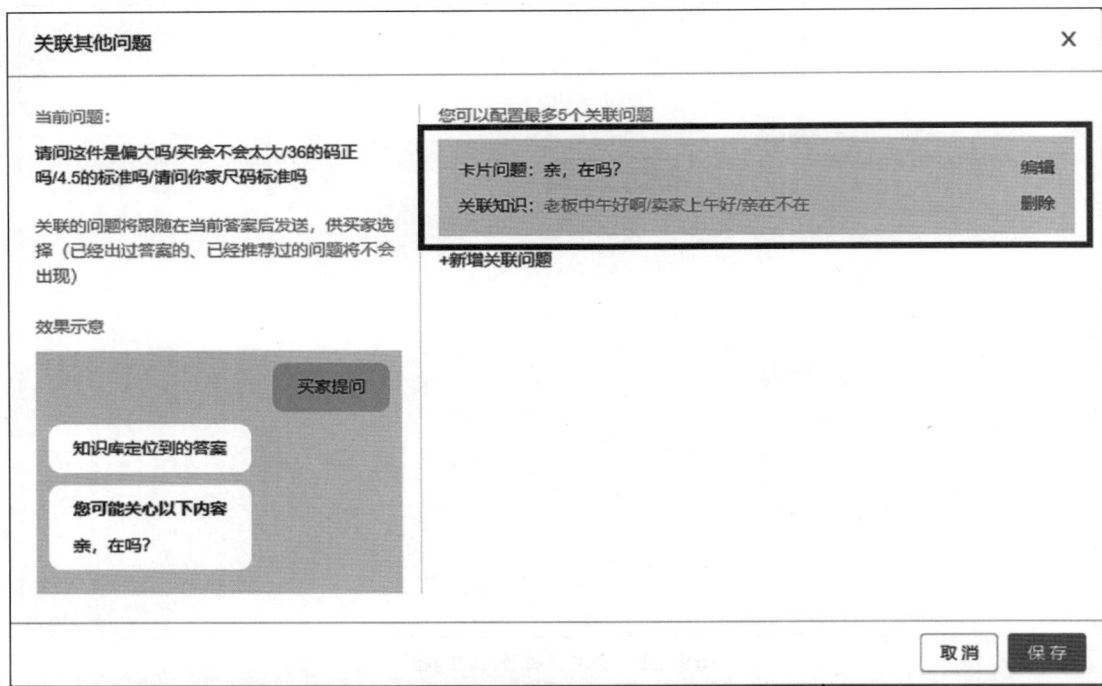

图9-23　编辑或删除问题

实战演练二：运费模板的设置

运费模板就是卖家为一批商品设置同一个运费，当需要修改运费的时候，这些关联商品的运费将一起被修改。一个淘宝店铺肯定需要设置不同的运费模板，原因是有些偏远地区可能不包邮，而另一些地区可能会包邮。

设置淘宝运费模板的具体操作步骤如下。

（1）登录千牛工作台，单击"交易"|"物流管理"|"物流工具"选项，然后在打开的页面中单击"运费模版设置"选项，如图9-24所示。

图9-24 单击"运费模版设置"选项

（2）打开"普通运费模板设置"页面，单击"新增运费模板"按钮，如图9-25所示。

图9-25 单击"新增运费模板"按钮

（3）打开"新增运费模板"对话框，卖家可以根据实际情况进行相应的设置，然后单击"保存并返回"按钮，如图9-26所示。

图9-26　设置新增运费模板

（4）此时出现了新增的运费模板，如图9-27所示。

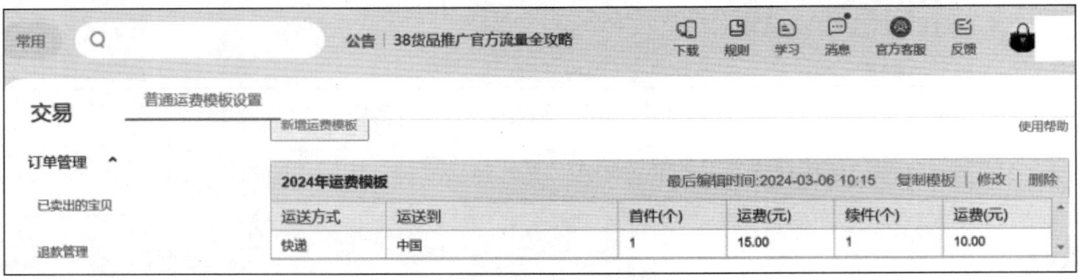

图9-27　新增的运费模板

课后习题

一、填空题

1. 大中型网店对网店客服进行了明确的分工，一般会将网店客服分为_____、
_____、_____。

2. _____工作内容主要包括退换货、投诉处理，买家反馈处理和买家回访等。

3. _____相当于阿里店小蜜的商品"智能大脑"，里面储存着阿里店小蜜回复买家时
使用的商品信息。

4. 网店发送货物需要通过物流来完成，物流大体可分为 _____ 、 _____ 、
_____3种。

二、思考题

1. 客服的主要工作内容包括哪些？
2. 智能客服的作用主要有哪些？
3. 阿里店小蜜的功能有哪些？
4. 什么是客户关系管理？

任务实训

本章主要讲述了有关网店客服的基础知识，为了让读者能更好地掌握网店客服的相关知识，下面通过任务实训进行回顾。

一、实训目标

掌握售前客服、售中客服、售后客服的工作内容，通过具体的任务实训来加深对不同客服人员工作内容的理解和认识。

二、实训步骤

为了完成工作任务，达成工作目标，网店客服需要具备良好的工作技能，充分熟悉售前客服、售中客服、售后客服等岗位的工作内容，更好地完成日后的工作。

1. 做好售前工作，包括售前准备、接待买家、推荐商品、解决异议、引导下单、欢送客户等。
2. 做好售中工作，包括订单确认及核实、装配商品并打包、发货并跟踪物流、提醒买家及时收货等。
3. 做好售后工作，包括退换货、投诉处理，买家反馈处理和买家回访等。

第 **10** 章

网店运营数据分析

在网店运营中，数据分析不可忽视。新手卖家大多只知道引流、打造爆款等，却不知道如何从数据分析中获取更精准的信息。网店运营数据分析通过数据的形式反映出网店各方面情况，使卖家更加了解网店的运营情况，便于调整网店的运营策略。淘宝网店的数据分析工具，最常见的就是"生意参谋"了。

学习目标

知识目标	☑ 熟悉网店运营数据分析的作用 ☑ 熟悉网店运营数据分析中的数据 ☑ 熟悉生意参谋
技能目标	☑ 了解生意参谋中的动态数据 ☑ 了解生意参谋中的流量数据 ☑ 了解生意参谋中的客户数据

10.1　网店运营数据分析的作用

网店运营数据分析具有4大作用，包括及时发现问题、分析多重问题、提高营销效果与用户满意度和自由对比分析。

1．及时发现问题

网店卖家需要随时监控全店各类数据，发现异常数据时应及时采取对策，从而减少网店的损失。及时发现网店的问题所在，还需要特别留意一些离散的数据点。如果离散的数据点代表的是很高的销售额，就需要分析原因，吸取经验，以便为网店带来更大的收益。如果这些数据点代表不好的销售情况，就需要细分情况，拟定对策。

2．分析多重问题

数据分析最大的作用，就是分析多重问题了，说得通俗一点，就是从多个维度去分析数据，总结出影响网店运营的具体因素。

3．提高营销效果与用户满意度

网店运营数据分析有助于提高营销效果和用户满意度。通过对用户行为数据、购买记录等进行分析，卖家可以了解用户的购物习惯、兴趣爱好等信息，从而制定精准的营销策略，提高营销效果。此外，卖家还可以通过数据分析了解用户满意度，针对用户反馈进行优化，提高用户忠诚度。

4．自由对比分析

与网店有关的数据种类有很多，卖家收集整理好这些数据即可很自由地对其进行对比分析。自由对比分析在网店运营中扮演了多种重要角色：可以帮助网店选款、预测库存周期；也可以用于合理规划网店装修板块和样式；还可以用于诊断网店目前的状况，找出店铺存在的问题并对症下药。

10.2　网店运营数据分析中的数据

卖家一定要知道网店运营数据分析中的数据是什么，其中核心数据有哪些。下面将详细介绍这些核心数据。

10-1　网店运营数据分析中的数据

10.2.1　流量数据

网店卖家最关心的是流量，有了流量才有销量。流量数据是网店的重要监控对象。按照收费方式，流量可以分为免费流量和付费流量。

1．免费流量

只要是不花钱地从网店内部得来的流量都属于网店免费流量，主要包括关键词搜索带来的流量、自主流量和站外免费流量等。

（1）关键词搜索带来的流量，是指没有付费做广告推广，买家通过关键词搜索途径进入网店的流量。这类流量是网店免费流量的最大来源，也是网店最想要的流量，毕竟免费流量的成本低，而且精准度也比较高。网店都希望自己的商品能排在网站首页最显眼的位置，这样点击量就会大，网店获得的免费流量也就增加了。图10-1所示为关键词搜索免费流量。

图10-1　关键词搜索免费流量

（2）自主流量，指买家自己主动访问网店的流量。买家通常是在网店中有过成功的交易经历，因此才会通过直接访问、收藏商品、购物车等渠道来回访网店。这样的流量十分稳定且转化率也高。另外，买家再次进店购物，说明了他们对网店中的商品质量和价格比较满意，这时卖家只要及时维护好和买家的关系，买家是很容易多次回购的，这无形中又增加了网店流量。

（3）站外免费流量，这类流量大多来自微信、微博、QQ、短视频平台等。这种流量的精准度不高，效果自然不能得到保证。

2. 付费流量

付费流量是指通过投放广告、按点击率计算费用等方法引入的买家流量。这样的流量精准度高，只要花钱就能得到。常见的付费流量来源有淘宝客、直通车以及官方平台各种活动等。由于付费流量会增加成本，所以需要卖家恰当地投入，以免投入产出比失衡。

💡 提示与技巧

付费流量在网店流量中占比越大，就意味着卖家的成本越高，因此卖家在选择付费前一定要明确引入流量的目的，做好推广策略，做好访客价值的估算。对于通过付费推广引进的新流量，卖家要倍加珍惜，最好分析一下二次购买和三次购买的买家，使新客户转变为老客户。

10.2.2　网店页面数据指标

一个完整的网店是由多个页面组成的，每个页面的指标对网店的业绩都有很大的影响。但是不同页面的衡量标准是不一样的，卖家只有"对症下药"，关注各个页面的指标，才能找出提高业绩的方法。

1. 首页数据

首页是一个网店的门面，访客进入首页后，会根据首页的导航进入其他不同的页面。卖家对网店首页需要监控如下几个指标。

（1）流量。首页的流量大约是全店总流量的15%，如果网店在做促销之类的活动，流量就会再增大一些。

（2）独立访客数。独立访客数是指在一定时间范围内，访问网店的不重复的IP地址数量。这个指标是评估网店流量和受欢迎程度的重要数据之一。

（3）停留时间。停留时间越长，代表访客对网店越感兴趣，购买的可能性也就越大。

（4）访问深度。访问深度是指访客进店访问的页面数量的多少。访问深度是衡量一个网店是否足够吸引访客、把访客留下来下单的重要指标。当访客通过首页或者某个页面，继续访问网店其他的商品页面时，记作一个访问深度，访问的页面越多，说明访客的访问深度越大，如果访客仅仅访问了首页就离开了，访问深度肯定不高。

（5）跳失率。跳失率是指访客通过相应的入口进入网店，但只浏览了一个页面后没有进一步操作就离开的访问次数占该页面总访问次数的比例。跳失率越高，说明商品页面的问题越大，这时卖家要从商品页面的图片、描述、价格等方面去改进。

2. 商品详情页数据

商品页是网店最重要的页面，也是达成交易的页面。商品详情页数据是卖家进行网店运营数据分析需要实时关注的重点，这些数据会直接影响网店商品的销量。

（1）页面浏览量。页面浏览量是指网店的商品详情页被查看的次数。访客多次打开或刷新一个商品详情页时，该指标值就会累加。想让访客购买网店中的商品，毫无疑问，卖家首先要做的就是让他们看到该商品。商品的浏览量越大，才越有可能被销售出去。

（2）咨询人数。咨询人数是指浏览了商品页面后进行咨询的人数。

10.2.3　客服数据

网店客服可以说是网店运营好坏的重要因素，并且网店做得越大，就需要越多的网店客服，因此卖家必须重视对网店客服的培养和鼓励。卖家想检验网店客服的工作态度、业绩，就需要监控客服数据。

（1）对客服个人、客服团队、静默销售、网店整体数据进行全方位的统计分析。

（2）统计网店客服的销售额、销售数量和销售人数。

（3）统计网店客服客单价、客件数和件均价，分析网店客服关联销售的能力。

（4）多维度统计网店客服的转化成功率，包括询单到最终下单的成功率，下单到最终付款的成功率以及询单到最终付款的成功率。

10.2.4　转化率

网店转化率是指进店的所有访客中成功交易的人数比例。网店转化率的高低可以说明访客对商品的喜爱度。转化率高，就意味着访客大多对网店的商品十分满意并且下单了，网店的收益增加了。卖家在分析网店转化率的时候，一定要对比同行的转化率。

💡 提示与技巧

　　网店转化率的高低与商品的价格、网店的装修、网店客服的应答等因素都有密切的关系。转化率对网店经营非常重要，卖家一切行动的终极目标是消除客户的疑虑，促使其购买商品，从而提高转化率，为网店带来更高的收益。

10.2.5　客单价

　　客单价是指每一个客户在一定周期内平均购买商品的金额。一般指一家网店一天的交易中，每个客户所产生的平均交易金额。其计算公式：客单价=成交金额/成交人数。提高客单价可以通过以下策略。

　　（1）关联销售：客户在购买商品的时候，有没有顺便购买别的商品。

　　（2）商品定价：如商品定价是50元还是1000元。

　　（3）会员制度：通过会员专属优惠和积分系统鼓励重复购买。

　　（4）提高商品附加值：提供优质的售后服务和增值服务，如免费包装、个性化定制等。

　　（5）数据分析：通过分析用户行为数据，了解顾客偏好，针对性地推荐商品。

📖 知识拓展

常用的数据分析方法

　　在大数据时代，大数据全面、实时、精准地为网店提供了海量的数据集。网店的很多方面都会涉及大数据，下面介绍网店常用的数据分析方法。

　　1．分类法

　　分类法是将数据库中的数据项映射到某个特定的类别的方法。它可以应用到客户的分类、客户的属性和特征分析、客户满意度分析、客户的购买趋势预测等方面。

　　2．回归分析法

　　回归分析法反映的是事务数据库中属性值在时间上的特征，通过产生一个将数据项映射到一个实值预测变量的函数，发现变量或属性间的依赖关系。回归分析法的应用范围较广，如客户寻求、保持和预防客户流失活动、产品生命周期分析，销售趋势预测，以及有针对性的促销活动等。

　　3．聚类分析法

　　聚类分析法用于把一组数据按照相似性和差异性分为几个类别，其目的是使同一类别数据间的相似性尽可能大，不同类别数据间的相似性尽可能小。它可以应用到客户群体分类、客户背景分析、客户购买趋势预测、市场细分等方面。

　　4．关联规则法

　　关联规则法用于描述数据库中数据项之间存在的关系，即根据一个事务中某些项目的出现，可大致推导出其他项目在同一事务中也会出现，即反映数据间隐藏的关联或相互关系。

　　5．特征法

　　特征法用于从数据集中的一组数据中提取出关于这些数据的特征式，这些特征式表达了该数据集的总体特征。例如，营销人员通过对客户流失因素的特征提取，可以得到客户流失的一系列原因和主要特征，利用这些信息可以有效预防客户流失。

　　6．变化和偏差分析法

　　变化和偏差分析法是寻找观察结果与参照量之间有意义的差别的方法。在网店危机管理及其预警中，管理者更感兴趣的是那些意外规则。意外规则可以被应用到各种异常信息的发现、识别、分析、评价和预警等方面。

10.3　生意参谋简介

随着互联网技术的发展，传统的商业格局被打破，电子商务在不断地发展壮大，变得异彩纷呈。在这个大背景下，传统电商也逐渐步入大数据时代，一些数据分析工具应运而生。生意参谋作为一个数据分析工具，为卖家做决策提供了坚实的数据支撑。

生意参谋是阿里巴巴打造的首个卖家统一数据平台，面向全体卖家提供一站式、个性化、可定制的商务决策服务。它集成了海量数据及网店经营思路，不仅可以更好地为卖家提供流量、商品、交易等网店经营全流程的数据披露、分析、解读、预测等功能，还能更好地指导卖家的数据化运营。

面向未来，生意参谋将以更加普惠的形式，降低卖家在淘系平台的店铺经营成本，通过更智能的数据产品，提升卖家的洞察及分析能力，以实现经营效率的提升。登录千牛工作台，单击左侧导航中的"数据"选项，如图10-2所示，打开生意参谋页面，如图10-3所示。

图10-2　单击"数据"选项

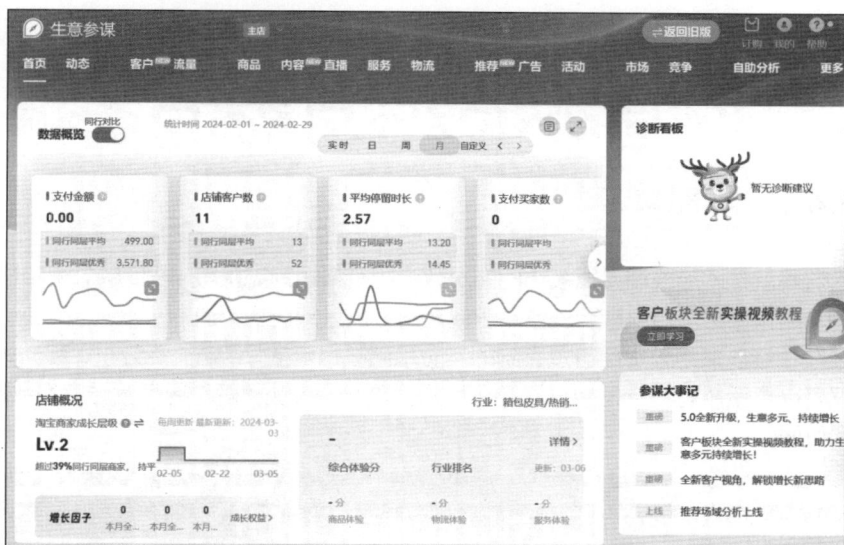

图10-3　生意参谋页面

10.4　生意参谋中必须看的数据：动态

卖家利用动态分析可以随时观测实时数据，反馈店铺实时经营情况。生意参谋"动态"中的数据对于网店的运营发展提供了很大的帮助。一方面，这些数据可以帮助卖家跟踪商品的推广引流效果、观测实时数据，发现问题并及时调整优化策略；另一方面，这些数据可以帮助卖家实时查看商品具体的营销效果，若在此时发现转化率和点击率情况不好，卖家可以及时调整推广力度。下面介绍生意参谋"动态"的实时概况、实时来源、实时榜单、实时访客等功能。

10-2　生意参谋中必须看的数据：动态

10.4.1　实时概况

实时概况就是为网店提供实时数据，主要包括访客数、浏览量、支付金额、支付子订单数、支付买家数等，还提供实时趋势图及与历史数据的对比功能。图10-4所示为实时概况页面。

图 10-4　实时概况页面

10.4.2　实时来源

流量就是网店或商品页被访问的次数，所有终端的流量等于 PC 端流量和移动端流量之和。

实时来源即流量来源，流量来源就是访客进入网店的渠道。

在生意参谋中，卖家可查看到的实时来源数据包括 PC 端流量分布、移动端流量分布。另外，卖家不仅可以查看所有终端的数据，还可以切换到 PC 端以及移动端查看对应的数据。图 10-5 所示为实时来源页面。

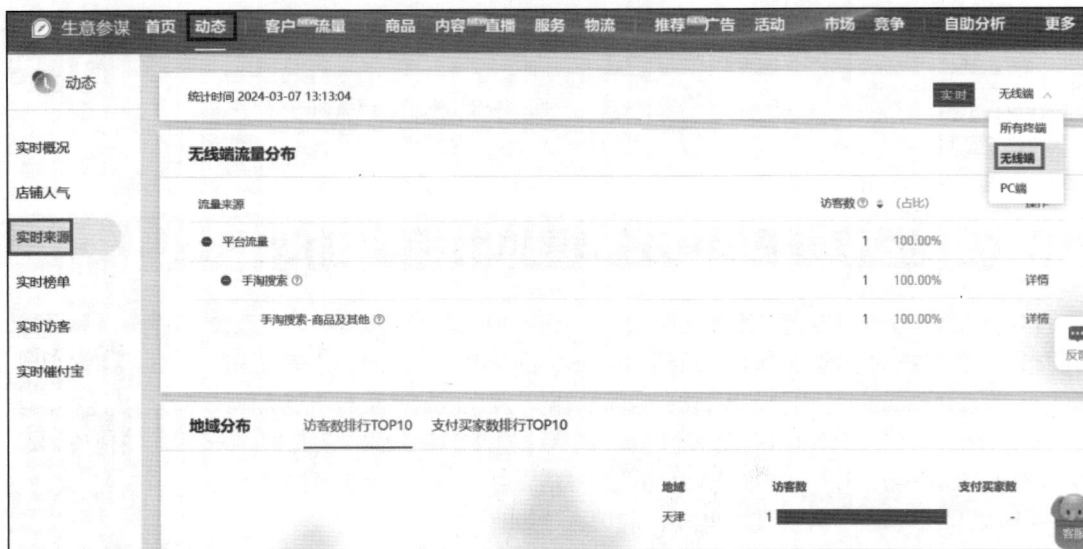

图 10-5　实时来源页面

生意参谋提供的实时来源数据，可以帮助卖家了解各个流量来源的详细报告。这对网店的运营极为有利。它能让卖家知道哪些方面的流量来源多，哪些方面的流量来源少，进而反思在流量来源少的方面是否做得不足，同时对流量较多的方面还可以进行优化。

10.4.3 实时榜单

在实时榜单中，卖家可以看到访客数TOP50、加购件数TOP50、支付金额TOP50的浏览量、访客数、支付金额、支付买家数、支付转化率这5个维度的数据，如图10-6所示。这些数据能够全面反映店铺的经营状况，帮助卖家了解市场趋势和客户行为，以便及时调整销售策略。

图10-6 实时榜单页面

卖家通过查看访客数TOP50，调整店铺的营销策略，吸引更多潜在买家。

卖家通过查看加购件数TOP50，分析哪些商品受买家关注并可激发其购买行为，进而有针对性地优化商品详情页，提高商品的关注度和转化率。

卖家通过查看支付金额TOP50，可了解当前热销商品，调整店铺的商品布局和销售策略，以适应市场需求。

10.4.4 实时访客

实时访客主要提供网店的实时访客信息及浏览情况。卖家在该页面可以看到访问记录在访客地域分布、手淘搜索分布、直通车搜索分布方面的排行情况，如图10-7所示。

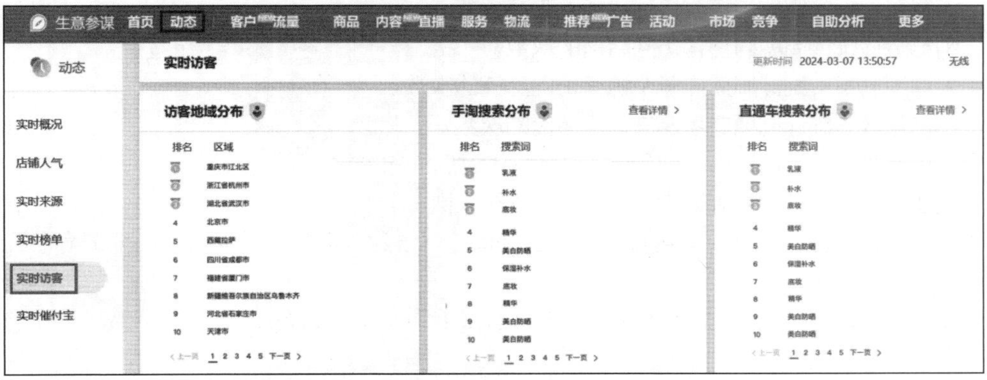

图10-7 实时访客页面

当网店的近期访问记录较少时，为了用户隐私，生意参谋将无法显示详细的用户分布信息。但是，卖家仍然可以通过分析流量来源和进店关键词来获取有价值的信息。

10.5　生意参谋中必须看的数据：流量

生意参谋中的流量为卖家提供一站式全媒介、全链路、多维度的流量数据分析。结合渠道客户画像，帮助卖家多维度分析渠道效果，建立以客户为驱动的流量运营体系。

10.5.1　流量看板

流量看板是帮助卖家了解网店整体的流量规模以及流量的变化趋势的模板。快速查看全店的整体访客数、浏览量、新访客数、老访客数、短视频访客数、直播间访客数、图文访客数、店铺页访客数、关注店铺人数等数据。

在生意参谋页面，单击"流量"选项卡下的"流量看板"，进入流量看板页面，卖家可通过流量总览知道网店的访客数、浏览量及其变化；通过跳失率、人均浏览量、平均停留时长，了解访客质量的高低。图10-8所示为流量看板页面。

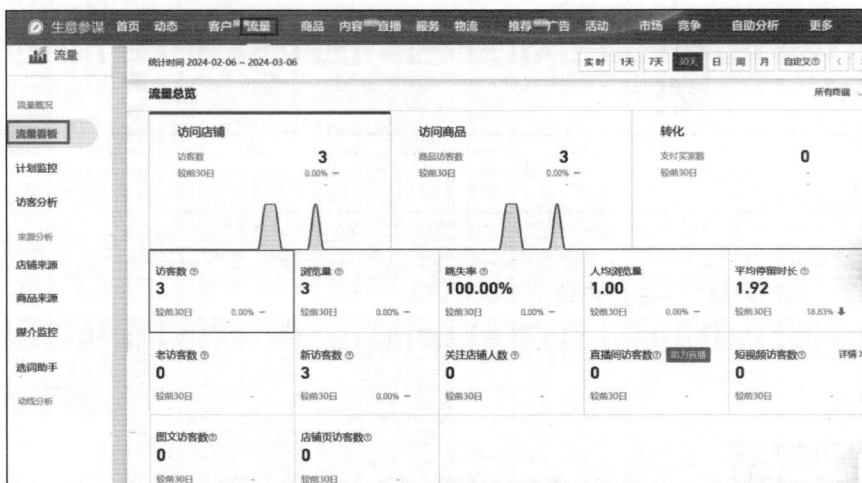

图10-8　流量看板页面

流量看板中各个指标的含义如下。

（1）访客数：统计周期内访客访问店铺的去重人数。

（2）浏览量：统计周期内访客访问店铺的次数。

（3）人均浏览量：统计周期内每个访客访问店铺的次数。

（4）老访客数：统计周期内老客户访问店铺的次数。

（5）新访客数：统计日期内，前6天内没有来访过店铺的去重人数。

（6）关注店铺人数：统计周期内关注店铺的去重人数。

（7）直播间访客数：统计周期内观看店铺直播间（不含达人）的去重人数，一个访客在统计周期内访问多次只记为一个。

（8）短视频访客数：统计周期内观看自制短视频（全屏页）3秒及以上的去重人数，一个访客在统计周期内访问多次只记为一个。

（9）图文访客数：统计周期内浏览店铺自制图文3秒及以上的去重人数，一个访客在统计周期内访问多次只记为一个。

（10）店铺页访客数：统计周期内访问店铺首页、活动页等店铺页面的去重人数，一个访客在统计周期内访问多次只记为一个。

（11）平均停留时长：衡量访客在网店中浏览时，平均每次访问所花费的时间的指标。它通常用来评估访客对店铺内容的兴趣程度和用户体验的好坏。

10.5.2 访客分析

访客分析提供基于访客时段分布、特征分布和行为分布情况，使卖家了解网店访客的分布及其特征，可以更好地进行针对性营销。

卖家通过选择日期、终端，查看对应统计周期内各类终端下的访客和下单买家数，掌握网店访客来访的时间规律，进而验证广告投放、调整引流时段策略。图10-9所示为时段分布相关内容。

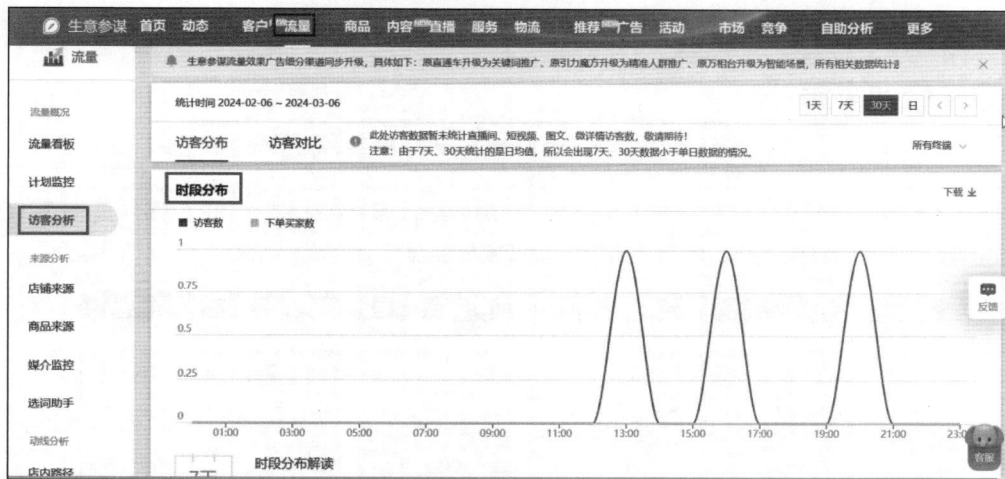

图10-9 时段分布

卖家通过选择日期和终端，查看对应统计周期内各类终端下访客的淘气值分布、消费层级、性别、店铺新老访客分布，以验证或辅助调整广告定向投放策略。图10-10所示为特征分布相关内容。

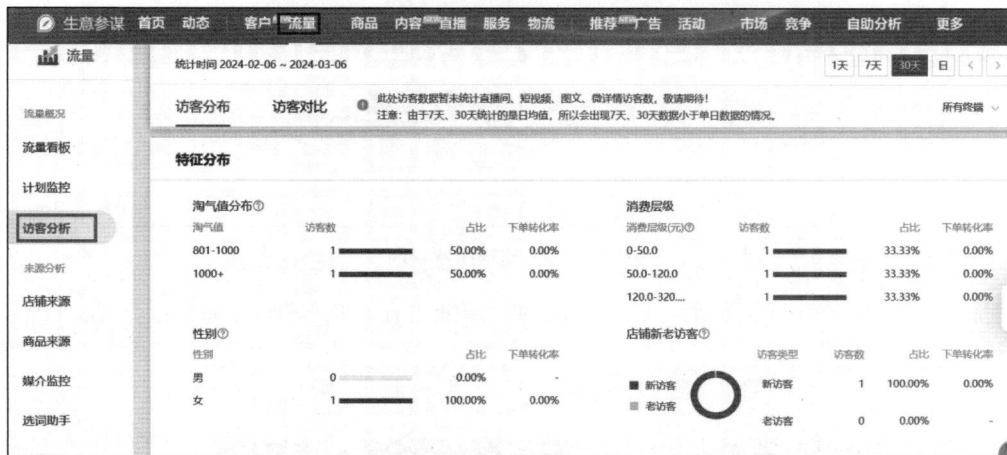

图10-10 特征分布

淘气值分布用来表示访客的等级，淘气值越高，代表访客网购次数越多；消费层级用于反映店铺买家之前的购买能力；性别可以用于判断商品的买家是以男性为主还是以女性为主；店铺的老访客越多越好，老访客多会大大提高店铺的转化率。

　　行为分布是网店运营中分析用户行为的重要部分，来源关键词TOP5和浏览量分布是该页面中的两个重要指标。通过分析来源关键词TOP5和浏览量分布，卖家可以更好地理解用户行为，优化网店的用户体验，并提高转化率。图10-11所示为行为分布相关内容。

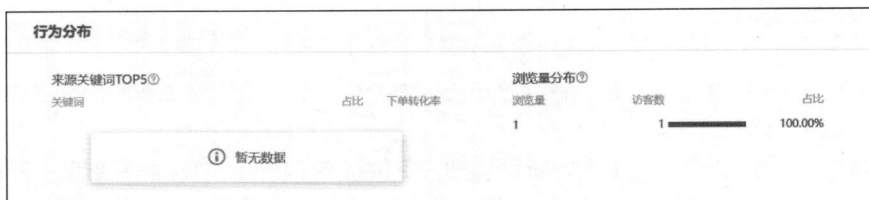

图10-11　行为分布

10.5.3　店铺来源

　　店铺来源是指卖家通过各种渠道获得的访客数据，包括淘内免费、自主访问、付费流量、淘外媒体等。卖家了解这些数据可以优化店铺布局，提升营销效果，提高转化率。在该页面，卖家可以直接查看实时、1天、7天、30天、日、周、月维度下店铺整体流量来源构成，如图10-12所示。

图10-12　店铺来源页面

　　店铺来源是生意参谋的重要组成部分，它反映了店铺的流量来源和转化率，对于店铺的成功至关重要。通过对主要流量来源的分析和优化建议，卖家可以更好地掌握商业趋势，制定合理的运营策略。

10.6　生意参谋中必须看的数据：客户

　　卖家可通过客户概况、旅程分析等，了解各类客户的数据情况。通过分析这些数据，卖家可以更好地了解客户的需求和购买决策过程，从而制定更有效的经营策略，实现突破性增长。

10.6.1 客户概况

在生意参谋页面，单击"客户"选项卡下的"客户概况"进入客户概况页面，卖家可通过客户概况判断和提升客户视角下店铺运营效率，实现高效运营，如图10-13所示。

图10-13 客户概况页面

客户概况中包含的客户可以分为以下3种。

（1）客户新访：在统计时间段内第一次访问店铺的客户。新访客户的转化率可能较低，因为他们对品牌和店铺还不熟悉，因此，卖家需要通过优质的商品和服务来吸引他们。

（2）未购客户回访：之前访问过店铺但尚未进行购买的客户。未购客户回访表明客户对某些商品感兴趣，但可能因为价格、库存或其他因素而犹豫。卖家可以通过分析这些客户的浏览和行为模式，了解他们尚未购买的原因。

（3）已购客户回访：已经购买过店铺商品并再次访问店铺的客户。已购客户回访是衡量客户忠诚度和满意度的重要指标。

10.6.2 旅程分析

在生意参谋页面，单击"客户"选项卡下的"旅程分析"进入旅程分析页面，卖家通过旅程分析，了解客户是谁、喜欢什么商品、内容、权益、来自哪里等，从而在商品、内容、权益等方向制定差异化和精细化运营策略，如图10-14所示。

图10-14 旅程分析页面

卖家通过客户画像，分析客户是谁，可以更加详细地了解客户的年龄、性别、地域、学历、兴趣爱好、品类、品牌偏好等数据，由此可以判断这部分客户是否为自己的目标客户，便于对目标人群的圈选和阿里妈妈的精准投放。

卖家通过运营对象统计，分析客户对商品、内容、权益的偏好，从而制定差异化的人群运营策略，如图10-15所示。

图10-15　运营对象统计

案例分析

数据分析助力网店发展

周帆曾经是一位成功的线下服装店经营者，但随着电商行业的发展，线下服装店的销量每况愈下，最终他关闭了线下店铺，并在淘宝网上注册了自己的网店。经过不断努力，他的网店取得了显著的成绩，好评率高达99.01%。然而，最近他的网店销量下滑，这促使他开始寻找原因。

周帆通过分析访客数、转化率、客单价及客服响应速度等数据发现存在的问题后，决定逐一展开分析，以消除隐患。他的做法是明智的，因为只有深入了解每项数据的变化趋势和背后的原因，才能找到解决问题的方法。在这个过程中，数据分析的作用是无法被忽视的。通过数据分析，周帆可以更好地了解市场发展趋势、客户需求和竞争状况，从而制定更有效的策略来提高销量和增加利润。在这个数字化的时代，数据分析已成为网店运营的核心工具之一。

卖家在打造品牌、打造"爆款"的过程中离不开数据分析。可以说，数据分析贯穿了网店运营的整个过程。

根据以上材料，分析以下问题。

1. 为什么要做好网店数据分析？
2. 如何做好网店数据分析？

实战演练

实战演练一：网店销售数据分析

在网店的运营过程中，销售数据指标一直都是卖家关注的重点。通过生意参谋分析网店销售数据的具体操作步骤如下。

（1）店铺业绩汇总。在生意参谋页面，可通过单击“服务”|“店铺绩效”|“业绩分析”|“汇总分析”|“店铺”，如图10-16所示，可以看到店铺销售额、销售人数、订单数、销售量、全店成交转化率等数据。可以根据需要选择不同的时间范围，如日、周、月，以查看业绩的发展趋势。对于每个指标，深入分析其背后的原因，如销售额增长可能由哪些因素驱动，转化率下降可能由哪些问题导致。根据业绩汇总分析的结果，卖家可以制定或调整营销策略、产品策略、价格策略等，以提升店铺的整体业绩。

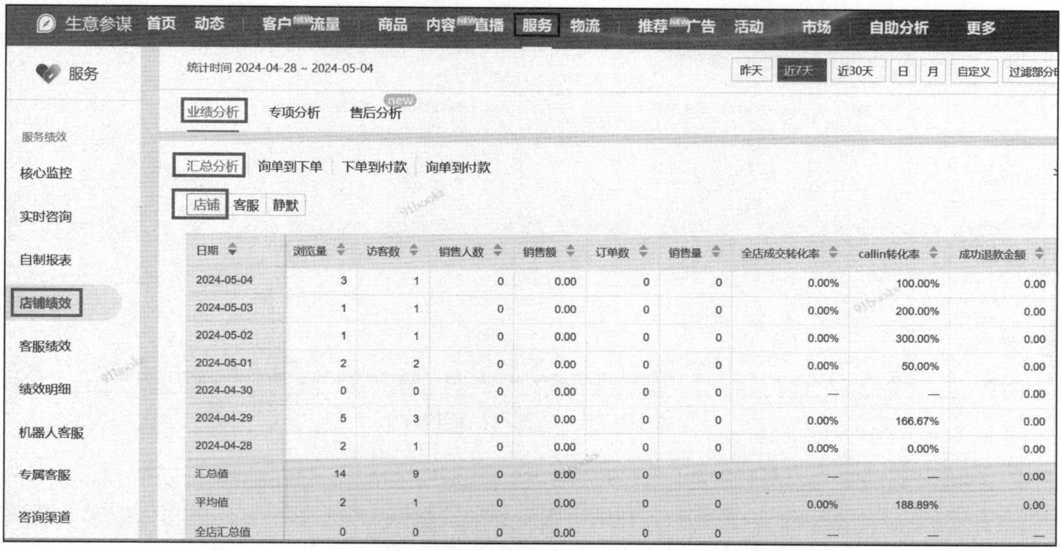

日期	浏览量	访客数	销售人数	销售额	订单数	销售量	全店成交转化率	callin转化率	成功退款金额
2024-05-04	3	1	0	0.00	0	0	0.00%	100.00%	0.00
2024-05-03	1	1	0	0.00	0	0	0.00%	200.00%	0.00
2024-05-02	1	1	0	0.00	0	0	0.00%	300.00%	0.00
2024-05-01	2	2	0	0.00	0	0	0.00%	50.00%	0.00
2024-04-30	0	0	0	0.00	0	0	—	—	0.00
2024-04-29	5	3	0	0.00	0	0	0.00%	166.67%	0.00
2024-04-28	2	1	0	0.00	0	0	0.00%	0.00%	0.00
汇总值	14	9	0	0.00	0	0	—	—	0.00
平均值	2	1	0	0.00	0	0	0.00%	188.89%	0.00
全店汇总值	0	0	0	0.00	0	0	—	—	—

图10-16　店铺业绩汇总分析

（2）店铺客单价。单击“服务”|“店铺绩效”|“专项分析”|“客单价分析”|“店铺”，如图10-17所示，可以看到客单价、客件数、件均价等数据。利用店铺客单价数据，分析客单价的变化原因，识别高价值顾客群体，以及评估不同商品或服务对客单价的影响。根据客单价分析结果，卖家可以调整产品定价、促销活动、产品组合或服务水平，以提高客单价。

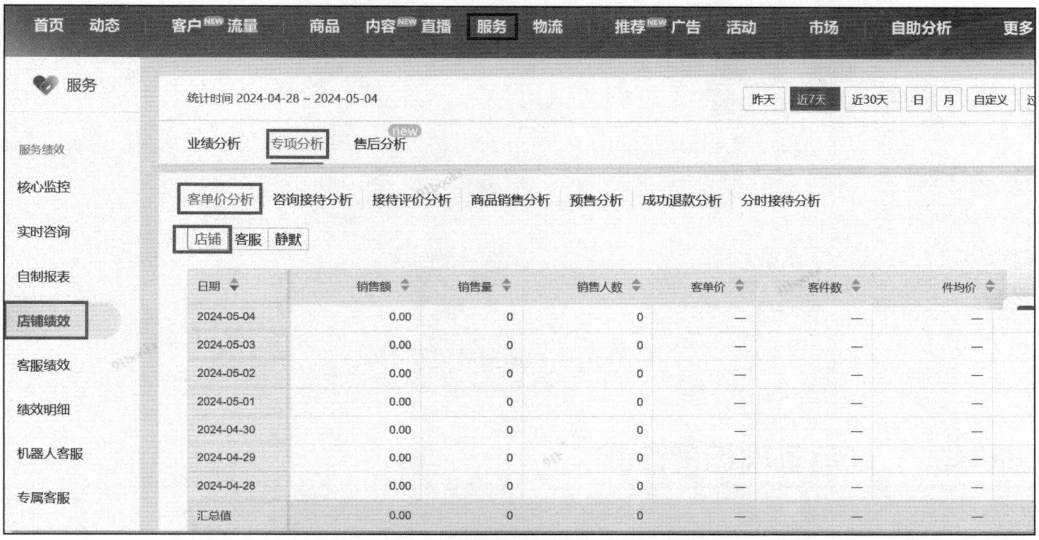

日期	销售额	销售量	销售人数	客单价	客件数	件均价
2024-05-04	0.00	0	0	—	—	—
2024-05-03	0.00	0	0	—	—	—
2024-05-02	0.00	0	0	—	—	—
2024-05-01	0.00	0	0	—	—	—
2024-04-30	0.00	0	0	—	—	—
2024-04-29	0.00	0	0	—	—	—
2024-04-28	0.00	0	0	—	—	—
汇总值	0.00	0	0	—	—	—

图10-17　店铺客单价分析

（3）店铺商品销售。单击“服务”|“店铺绩效”|“专项分析”|“商品销售分析”，如图10-18所

示，可以看到店铺的销售量、客服销售量、静默销售量等数据。利用商品销售数据，分析商品的销售趋势、顾客偏好、流量来源等，识别畅销商品和滞销商品。根据商品销售分析结果，卖家可以调整商品的营销策略，如优化商品详情页、调整价格、改进促销活动等。

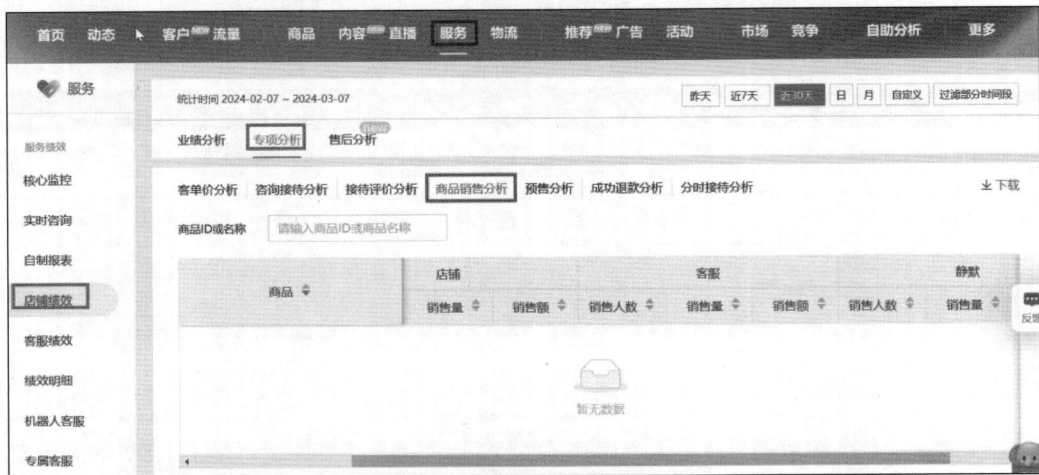

图10-18　店铺商品销售分析

（4）客服商品销售。单击"服务"|"客服绩效"|"专项分析"|"商品销售分析"，如图10-19所示，可查看店铺内客服的商品销售数据。利用客服商品销售数据，分析客服团队的工作效率、销售技巧和客户满意度。根据客服商品销售分析结果，卖家可以对客服团队进行培训，优化销售话术，提升客户服务质量，从而提高转化率和销售业绩。

图10-19　客服商品销售分析

实战演练二：商品基础运营诊断

生意参谋通过分析不同商品的近期数据波动（访客数、支付转化率和客单价），给卖家推荐不同商品的基础运营诊断策略，帮助卖家提升在搜索/推荐场景的流量获取能力，优化商品详情页的图片，提高支付转化率。通过生意参谋进行商品基础运营诊断的具体操作步骤如下。

（1）在生意参谋页面单击"商品"|"商品360"，在"商品360"页面中可以输入商品标题、商品ID、商品URL、货号等，这里输入"包包"，如图10-20所示。

图10-20　输入"包包"

（2）在弹出的下拉列表中，选择其中一个商品，进入单品诊断页面，如图10-21所示。通过这个页面，卖家可以查看和分析特定商品的各项数据指标，如单品营收、访客规模、转化率、客单价等数据。通过单品诊断页面的数据，卖家能够识别商品可能存在的问题（如流量低、转化率低、客单价低等），制定相应的优化策略（如改进商品详情页、调整价格、优化关键词、改善客户服务等）。

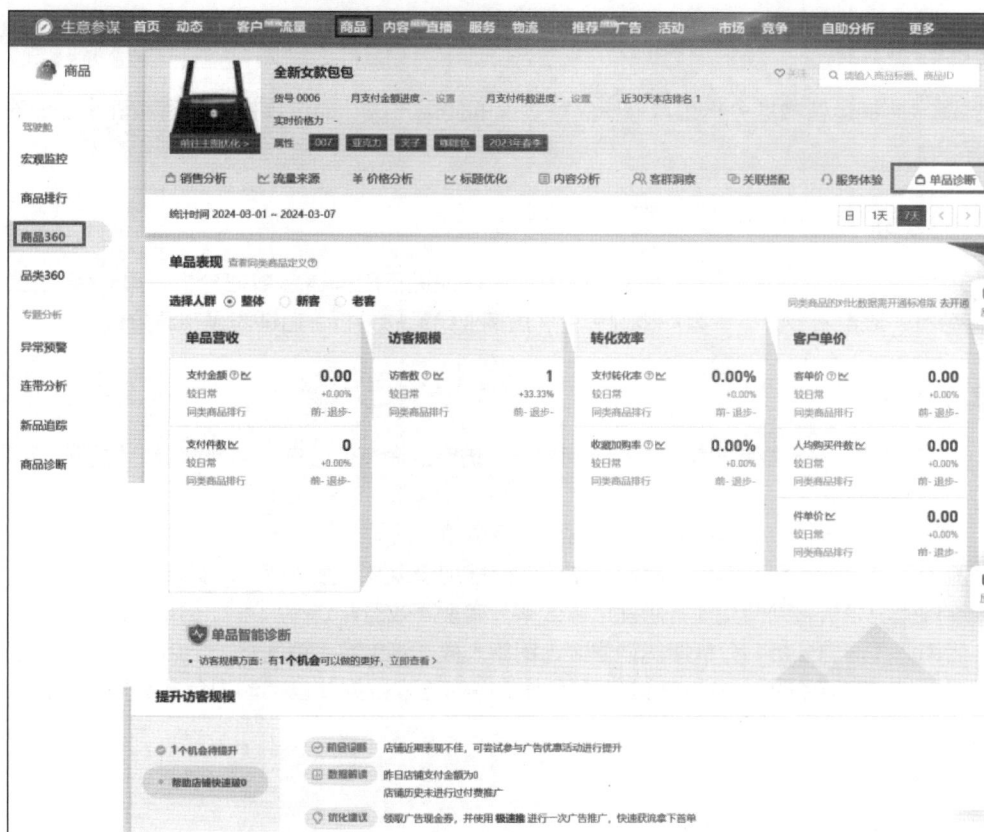

图10-21　单品诊断页面

课后习题

一、填空题

1. 流量数据是网店的重要监控对象，按照收费方式，流量可以分为 _____
和 _____。

2. 网店免费流量，主要包括 _____、_____、_____等。

3. _____是指在一定时间范围内，访问网店的不重复的IP地址数量。

4. _____是指访客通过相应的入口进入网店，但只浏览了一个页面后没有进一步操作就离开的访问次数占该页面总访问次数的比例。

二、思考题

1. 网店运营数据分析的作用有哪些？
2. 网店页面数据指标有哪些？
3. 影响客单价的因素有哪些？
4. 影响网店转化率的因素有哪些？

任务实训

掌握淘宝店铺运营数据分析工具——生意参谋的使用方法，通过具体的任务实训来加深对相关知识的理解。

一、实训要求

假如你在淘宝网上开设了一家网店，使用生意参谋进行店铺运营数据分析，具体包括访客分析、实时访客分析、流量看板分析、客户概况分析、店铺业绩汇总分析、店铺流量来源分析。

二、实训步骤

1. 访客分析，分析店铺访客来访的时间规律、访客的淘气值分布、消费层级、性别、店铺新老访客分布。

2. 实时访客分析，分析网店的实时访客信息及浏览情况。

3. 流量看板分析，帮助卖家了解网店整体的流量规模以及流量的变化趋势。

4. 客户概况分析，判断和提升店铺运营效率，实现高效运营。

5. 店铺业绩汇总分析，分析店铺销售额、销售人数、订单数、销售量、全店转化率等。

6. 店铺流量来源分析，分析通过各种渠道获得的访客数据，包括淘内免费、自主访问、付费流量、淘外媒体等。